Nur ein paar Stündchen

4H

Nix wie raus, ganz schnell ins Grüne. Auch mit wenig Zeit lässt sich Großartiges erleben. Kleine und große Abenteuer warten direkt vor der Haustür.

Raus für einen Tag

12H

Man muss nicht das Land verlassen, um neue Welten zu entdecken. Einfach mal einen Tag lang raus aus dem Alltagsallerlei und rein in die Natur.

Ferien für ein Wochenende

36H

Warum auf die große Auszeit warten, wenn man einen Wochenendtrip in der Nähe machen kann? Vergnügen, Abenteuer und Wohlgefühl kompakt und intensiv.

LIEBE LESERIN, LIEBER LESER,

Abenteuer beginnen im Kopf – wer seine Umwelt mit offenen Augen und Sinnen erlebt, wird sie finden. Und aus dem Waldspaziergang wird eine waschechte Dschungelexpedition.

Die Welt mit Kinderaugen erleben, etwas Neues ausprobieren, neue Wege gehen, vielleicht allen Mut zusammenzunehmen oder einfach nur zu genießen – der Mittelrhein mit seinen Weinbergen, Wäldern und (Ge)Wässern bietet vielfältige Gelegenheiten, um aus dem Alltag auszubrechen und Draußenzeit zu erleben. Paddeln, Wandern, Beeren sammeln - 52 Ideen für unvergessliche Erlebnisse liefert dieses Buch.

Also nichts wie ab nach draußen und eigene Geschichten schreiben!

Auf viele spannende kleine und große Abenteuer und Eskapaden am Mittelrhein!

PS: Informationen zum GPX-Download gibt's auf Seite 224.

AUSZEIT.
ABENTEUER.
LEBENSFREUDE.

1. KAPITEL ABSTECHER

Nur ein paar Stündchen

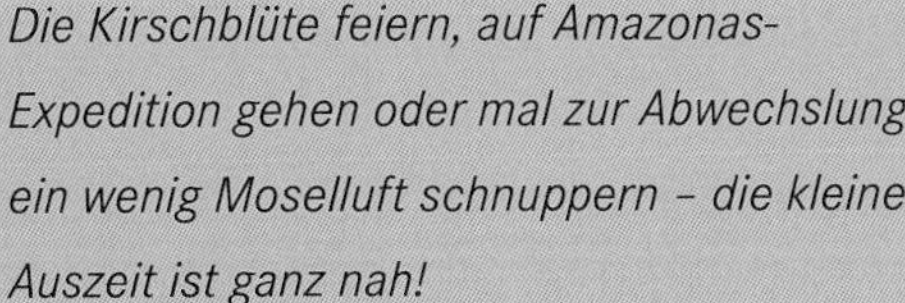

Die Kirschblüte feiern, auf Amazonas-Expedition gehen oder mal zur Abwechslung ein wenig Moselluft schnuppern – die kleine Auszeit ist ganz nah!

HINTER JEDER ECKE EIN NEUER BLICK

Was wäre der Mittelrhein ohne seine Burgen? Ein besonders schönes Exemplar und noch dazu die einzige nie zerstörte Höhenburg am Mittelrhein ist die Marksburg. Und weil sie so schön exponiert auf einem Hügel über dem Rhein thront, himmelt man sie am besten von Weitem an.

#Rheinschönheit #Burgenliebe #werbrauchtschoneineDrohne

Die Marksburg oberhalb von Braubach entfacht ihre wirkliche Magie erst, wenn man sie von weiter oben und etwas weiter weg sieht.

Wer direkt am Burgtor steht, kann vor lauter Türmen den Wald nicht richtig sehen. Natürlich lohnt sich ein Besuch trotzdem, schließlich präsentiert sie mit Schmiede, Weinkeller, Küche, Kräutergarten, Kemenate, Rittersaal, Rüstkammer, Kapelle und Folterkammer das authentische Leben auf einer mittelalterlichen Burg (www.marksburg.de). Aber so richtig eindrucksvoll sieht die Rheinschönheit nun ein-

---

Hin & weg: Mit der Regionalbahn oder dem Auto (Parkplatz vorhanden) bis Bahnhof Braubach.

Beste Zeit: Ganzjährig. Am schönsten bei Wildkirschblüte im März/April.

Dauer & Strecke: 2 Std. und 7 km zu Fuß.

Ausrüstung: Wanderschuhe, Kamera und Burgenliebe.

Landidylle hier, ein paar Rheinsteig-Kraxeleien mit Seilsicherungen dort – Langeweile kommt bei der Panoramawanderung nie auf.

mal erst in Kombination mit ihrer Kulisse aus: den grünen Taunushügeln im Hintergrund, dem hübschen Örtchen Braubach zu ihren Füßen, dem bewaldeten Felsen, auf dem sie steht. Um diesen Blick gleich von vielen Perspektiven aus zu genießen, braucht man keine Drohne, sondern nur ein paar Wanderschuhe und zwei Stündchen Zeit am Nachmittag.

Los geht's in Braubach. Schon unten im Ortskern lassen sich die ersten Blicke auf die Burg erhaschen. Aber keine Sorge, es wird noch besser. Angekommen auf dem unteren Mühlbergweg geht die Burgenblicksafari los. Quasi hinter jeder Biegung wartet eine neue Postkartenansicht. Oft sogar mit Bank. Und im Frühling mit blühenden Kirschbäumen davor. Ob am Ende die Doppelbank am Oberen Mühlbergwerg oder die Grillhütte Auf Kerkerts die beste Aussicht bietet, muss jeder selbst entscheiden. Letztere erreicht man über einen kurzen, felsigen Kletterabschnitt mit Seilsicherungen, der fast ein wenig an die Alpen erinnert. Bei so viel Ausblicken, schmalen Pfaden, Landleben und Knorreichen am Wegesrand sind die sieben Kilometer im Nu verflogen – da ist schon wieder der Ausgangspunkt in Braubach erreicht. Und die persönliche Fotobibliothek um einige Marksburgpanoramen reicher.

FAZIT: EIN TRAUMPFÄDCHEN AM RHEIN MIT KLETTERPARTIE UND MARKSBURGPANORAMEN, DAS ZUM GLÜCK KEIN OFFIZIELLES TRAUMPFÄDCHEN IST.

zurück zum Hauptverlauf
„Nette Romantikpfad"
Oberwerthshöhe
0,3 km
traumpfädchen
Rundweg (2,8 km) übe
Netteauen
Engelsbachtal
traumpfädchen

VOM WINDE VERWEHT

#2 *Gründe, auch bei wechselhaftem Wetter rauszugehen, gibt es viele. Einer davon: Man hat die schönsten und beliebtesten Wanderwege der Region ganz für sich alleine – wie zum Beispiel das Traumpfädchen Nette-Romantikpfad zwischen Nettetal und Maifeld*

Regen, Sonne, Wind, Regen, Sonne, Wind – solche Tage, an denen das Wetter nicht so genau weiß, was es soll, sind perfekt für ein

Traumpfädchen. So heißen die Premium-Spazierwanderwege, die kleinen Geschwister der Traumpfade im Rhein-Mosel-Eifel-Land. Und das aus zweierlei Gründen: Zum einen sind die Rundwanderwege mit einer Länge von drei bis sieben Kilometern kurz genug für ein Regenloch. Zum anderen sind sie an solchen Tagen selbst am Wochenende weit weniger überlaufen als bei gutem Wetter. Und wem macht es schon Spaß, im Gänsemarsch mit Hunderten anderen zu wandern!

Also nichts wie die dicke Regenjacke geschnappt, die Wanderschuhe geschnürt und ab nach Ochtendung, wo der Nette-Romantikpfad startet! Mit 7,5 Kilometern ist er einer der längsten Traumpfädchen. Doch die knapp drei Kilometer lange, vom Hauptweg abzweigende

Die schönste Aussicht gibt's entlang des Felsenpfads. Wenn sich dann noch die Sonne zeigt, ist das Wanderglück perfekt!

Schleife durch die Netteauen und das Engelsbachtal auslassen gilt nicht. Schließlich ist sie das Herzstück des Wanderwegs. Und hey, wenn man erst mal los ist, bringt einen auch ein kurzer Regenschauer nicht um. Vor allem dann nicht, wenn plötzlich wieder die Sonne rauskommt und am Ende dieser Schleife der Felsenpfad durch einen knorrigen Bergeichenwald erreicht ist. Von zwei Aussichtsbänken eröffnet sich ein Blick weit über das Nettetal bis in die Osteifel. Die warmen Sonnenstrahlen trocknen die regennasse Kleidung schnell, der Wind tut sein Übriges. Und die Tatsache, diesen Ausblick ganz für sich alleine genießen zu können, entschädigt für alle Strapazen.

Die Idylle hält nicht lange an? Dunkle Wolken kündigen am Horizont schon die nächste Regenfront an? Dann nichts wie ab über die Felder des Maifelds zurück nach Ochtendung!

FAZIT: SCHÖNES TRAUMPFÄDCHEN ZWISCHEN NETTETAL UND MAIFELD – DAS BEI GUTEM WETTER AN DEN WOCHENENDEN OFT VOLL IST.

Hin & weg: Mit dem Auto zum Wanderparkplatz Sportplatz Ochtendung.

Beste Zeit: Ganzjährig. Bei typischem Aprilwetter besonders nett.

Dauer & Strecke: 2 Std. und 7,5 km zu Fuß.

Ausrüstung: Wanderschuhe, Regenjacke und Schlechtwetterliebe.

RUNTER KOMMT MAN IMMER

Für alle, die gerne Fahrrad fahren, aber denken, Mountainbiken ist nichts für sie – diese Tour ist für jeden was! Durch vier Bachtäler geht es ohne Tausende Höhenmeter oder krasse Singletrails. Dafür mit mindestens genauso viel Fahrspaß und einem (sanften) Downhill durch das Aubachtal, der ganze 13 Kilometer lang ist!

#Alleshalbsowild #Downhill #Bachtäler #Genussradelnoderheizen?

Kleines Päuschen am plätschernden Aubach gefällig? Einfach absteigen und genießen!

Zugegeben – ein Mindestmaß an Kondition muss man schon mitbringen, denn wer 13 Kilometer bergab fahren möchte, muss auch ein bisschen bergauf fahren. Aber die knapp 500 Höhenmeter verteilen sich angenehm auf 19 Kilometer Hinweg und die Anstiege sind sanft. Wie sagt man so schön? »Ohne Fleiß kein Preis!« Und seien wir mal ehrlich: Nur bergab fahren wäre doch auch ein bisschen langweilig, oder? Am besten startet man die Tour in Rengsdorf, sodass sich die Bergauf-Abschnitte gleichmäßig auf die Tour verteilen. Da heißt es erst mal noch ein bisschen durch den Ort rollern, dann geht es auch schon hinab ins Laubachtal und vier Kilometer flussaufwärts – immer schön im idyllischen Tal. Die kurze Abfahrt ins nächste Tal, das Fockenbachtal, ist nur ein kleiner Vorgeschmack auf die lange Abfahrt durch das Aubachtal.

Wenn überall die Streuobstwiesen blühen, ist die Radtour ganz besonders schön.

Das Fockenbachtal ist mindestens genauso schön, und die Wege sind insbesondere unter der Woche kaum frequentiert.

Entlang des Gierender Bachs wird es dann nochmal anstrengend, denn die Gierender Höhe hat ihren Namen nicht umsonst. Wem es zu anstrengend wird, der schiebt – das ist beim Mountainbiken auch wirklich keine Schande. Hinter der Ortsdurchfahrt bei der Mülldeponie beginnt dann endlich der langersehnte Downhill-Spaß. Für 13 Kilometer geht es nur bergab – so sanft, dass Bremsen jederzeit gut möglich ist, so breit, dass man Fußgängern und Gegenverkehr ausweichen kann, aber immer noch rasant genug, dass der Fahrspaß nicht zu kurz kommt. Wiederholungstäter versuchen ihre Zeit vom letzten Mal zu knacken, Genussradler kosten in ihrem Tempo die wunderschön grüne Auenlandschaft des Aubachtals aus, bis der Downhill am Schwanenteich im Neuwieder Stadtteil Oberbieber sein Ende findet.

Wer mag, gönnt sich eine Stärkung im Biergarten (www.hotel-schwanenteich.de), bevor es auf den letzten fünf Kilometern zurück nach Rengsdorf noch einmal ein bisschen anstrengender wird. Wie gut, dass das urwüchsige Engelsbachtal für genügend Ablenkung am Wegesrand sorgt! Am Freibad ist das Schlimmste geschafft.

Tipp: Badesachen mitnehmen und sich zum Abschluss im Rengsdorfer Freibad eine Runde im Wasser abkühlen!

FAZIT: EINE WASCHECHTE MOUNTAINBIKE-TOUR FÜR ANFÄNGER DURCH VIER IDYLLISCHE FLUSSTÄLER IM WESTERWALD.

Hin & weg: Mit dem Auto zum Parkplatz am Freibad Rengsdorf (Gebückstraße) oder mit Bus 120 oder 160 bis zur Bushaltestelle Sparkasse Rengsdorf.

Beste Zeit: Ganzjährig. Bei Sommerwetter mit Freibadbesuch.

Dauer & Strecke: Je nach Fitness und Erfahrung mindestens 3 Std. reine Fahrzeit für die 32 km einplanen, mit Pausen einen halben Tag.

Ausrüstung: Mountainbike, Fahrradhelm und ein bisschen Kondition.

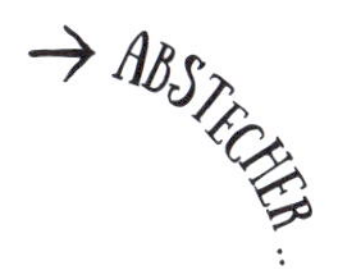

HANAMI AM RHEIN

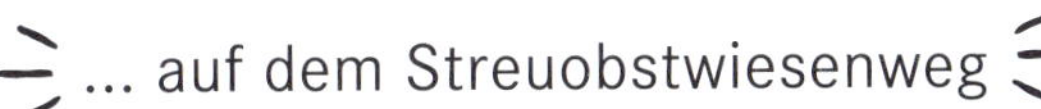

... auf dem Streuobstwiesenweg

#4

Jedes Jahr im April verwandeln sich die Obstbaumwiesen oberhalb von Mülheim-Kärlich und Kettig in ein weiß-rosa Blütenmeer. Auf dem Streuobstwiesenweg wandert man mitten hindurch – mit Schuhen oder (ein Stückchen) barfuß?!

#Obstbaumblüte #untenohne #zauberhafteStreuobstwiesen

Los geht das Schauspiel Anfang April mit der Steinobstblüte. An den Pflaumen und Zwetschgenbäume strecken sich vorsichtig die ersten Blütenköpfe in die Sonne. Dann an den Kirschbäumen. Später im April sind die Apfel- und Birnbäume an der Reihe. Wer sich zwischen Mitte April und Mitte Mai auf den Weg macht, hat ziemlich gute Chancen, in den Streuobstwiesen wenigstens *eine* Obstbaumart blühen zu sehen. Der Streuobstwiesenweg beginnt am Sportplatz Dalfter, wo am Wochenende

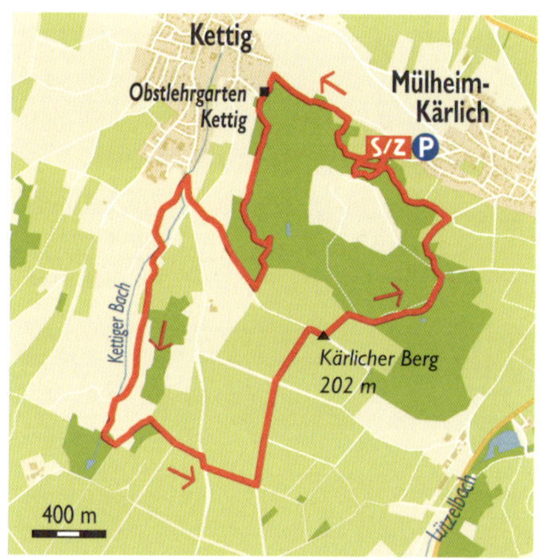

Hin & weg: Mit dem Auto zum Parkplatz Sportplatz Dalfter oder ab Koblenz, Hauptbahnhof mit Bus 357 bis zur Haltestelle Mülheim-Kärlich, Marktplatz (der Weg zum Streuobstwiesenweg ist ausgeschildert).

Beste Zeit: Mitte April – Ende Mai.

Dauer & Strecke: 3 Std. für 9 km zu Fuß.

Ausrüstung: Ein kleines Picknick, wache Sinne und (keine) Schuhe.

Warum nach Japan reisen? Die Kirschblüte kann man auch wunderbar hierzulande am Mittelrhein zelebrieren und dabei den Blick auf Mülheim-Kärlich genießen.

jeder parken darf. Die neun Kilometer lange Rundwanderung führt meist auf weichem Wiesen- und Waldboden, nur selten werden Schotter- oder Asphaltwege genutzt. Warum also nicht mal (für ein kurzes Stück) die Schuhe an den Rucksack schnallen und den Winterfüßen eine Portion Frischluft zu gönnen?

Eingefleischte Barfußwanderer wandern gleich die ganze Route »unten ohne«. Für alle anderen bringt das Barfußlaufen ganz neue Sinneseindrücke, wie wir sie seit Kindertagen viel zu selten erleben. Wie kühl sich der Morgentau auf den Wiesen anfühlt! Wie Steinchen und Wurzeln ein bisschen unter dem Fuß zwicken! Wie glatt und warm sich Steine anfühlen, wenn sie von der Sonne erwärmt wurden! Oder das eiskalte Wasser vom Kettiger Bach, den die »normalen Wanderer« über eine Brücke überqueren. Autsch, das war dann wohl eine Brennnessel! Egal, einfach wieder Schuhe an und weiterwandern und zur Abwechslung auf andere Sinne konzentrieren, wie den Duft des Blütenmeers oder das Summen der Bienen und Hummeln. Noch eine ausgiebige Picknickpause angelehnt an den Stamm eines Apfelbaums – dann ist auch schon wieder der Parkplatz in Sicht. Wie gut, dass die Sinneseindrücke noch ein bisschen länger nachklingen!

FAZIT: FRÜHLINGSWANDERN MAL »UNTEN OHNE« AUF EINEM GEMÜTLICHEN TRAUMPFAD, DER SEINEN NAMEN VERDIENT.

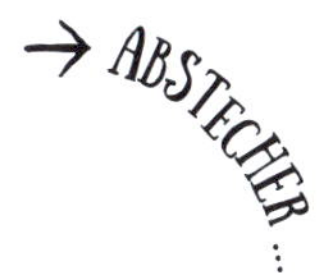

AUF AMAZONAS-EXPEDITION

Eisvogel, Graureiher, Schwarzmilan, Nilgans und Braunkehlchen heißen die gefiederten »Big Five« der Siegaue. Wer Glück hat und sich Zeit nimmt, kann sie in den Flussauen des über 500 Hektar großen Naturschutzgebietes erspähen.

#Vogelsafari #Fernglasnichtvergessen #Pappelduft #FrühlingliegtinderLuft

Frühling liegt in der Luft, und das kann man in den Siegauen durchaus wörtlich nehmen. Die zarten Knospen der Schwarz- und Hybrid-Pappeln versprühen nämlich einen süßlichen Duft, der an die ersten lauen Frühlingsabende, das erste Eis im Freien und das Ende der kalten Jahreszeit denken lässt. Dazu das Gezwitscher der 240 Vogelarten, die man hier, in einem der letzten weitgehend naturbelassenen Mündungsbereiche eines größeren Flusses in den Rhein, gezählt hat. Zusammen mit der saftig grünen Graslandschaft, die

Seite an Seite mit den Nilgänsen spazieren und den Frühling begrüßen.

stellenweise von violett-blühendem Wiesenschaumkraut durchbrochen wird, sorgt er für eine wahre Sinnesexplosion. War der Frühling schon immer so schön wie in diesem Jahr? Wahrscheinlich schon, aber hier in den Siegauen ist er auch besonders traumhaft.

Mindestens zwei Stunden Tageslicht, mehr braucht es nicht für dieses Abenteuer. Wer hat, packt noch Opas alten Feldstecher in den Rucksack – das erhöht, wie bei einer echten Amazonas-Expedition auch, die Chancen einer erfolgreichen Tiersichtung. Wobei, zu sehen gibt es immer etwas, egal ob *mit* Fernglas oder ohne. Ob ein Nilganspaar, das völlig unbeirrt nur ein paar Meter vom Wanderweg entfernt der untergehenden Sonne entgegenspaziert. Oder der Graureiher, der so sehr in seine Nahrungssuche vertieft ist, dass er die Spaziergänger am anderen Ufer gar nicht bemerkt.

Ob man einer festen Route folgt oder sich einfach nur treiben lässt, ist egal. Eine Fahrt mit der Siegfähre ist aber auf jeden Fall ein Erlebnis für sich und erhöht das Amazonas-Feeling. Ebenso wie der Sonnenuntergang auf der Landzunge zwischen Rhein und Sieg, wo der Rhein fast schon ein bisschen wie ein großer See aussieht. Da dorthin nur ein einziger Weg führt, macht es auch nichts, wenn man zu viel Zeit vertrödelt und im Dunkeln zurücklaufen muss – sich zu verlaufen ist quasi unmöglich.

Sobald die Sonne untergegangen ist, wird es schnell kalt – ein kleiner Reminder, dass es halt doch noch Frühling ist und noch kein Sommer. Der Plan, im Sommer noch mal wiederzukommen, wird noch auf dem Rückweg geschmiedet: In der Siegaue lässt es sich an der Badestelle am Fähranleger nämlich auch herrlich baden und ein »Bönnsch« im Biergarten genießen (www.siegfaehre.de).

FAZIT: FAST SCHON EIN MINIURLAUB VOM ALLTAG NICHT NUR FÜR HOBBY-ORNITHOLOGEN IM AMAZONIEN VON BONN.

Hin & weg: Mit dem Auto zum Mitfahrerparkplatz Siegaue (Niederkasseler Straße) oder mit Bus 550 oder 551 ab Bonn, Hauptbahnhof zur Haltestelle Bonn-Schwarzrheindorf.

Beste Zeit: Ganzjährig. Besonders schön im Frühling (März–Mai) oder zum Baden im Sommer.

Dauer & Strecke: Mindestens 2 Std. für 9 km zu Fuß.

Ausrüstung: Feldstecher, Abenteuergeist und ein gutes Auge.

WENN ALLES SCHIEF(ER) LÄUFT

... auf dem Nette-Schieferpfad durch die Trimbser Schweiz

Die Flusslandschaft des Nettetals paart sich auf dieser Wanderung mit schroffen Schieferklippen und Felsformationen, weiten Blicken über die Eifelhochebene sowie auf das Netteviadukt und der Durchquerung eines alten Eisenbahntunnels zu einem abwechslungsreichen Traumpfad.

#BittenichtamWochenende #TrimbserSchweiz #SchieferTraumpfad

→ Abstecher

Schöne Ausblicke gibts an allen Ecken und Enden – vielleicht der schönste: vom Mühlenberg (links).

Eine Warnung vor einem »schiefen Ausgang« der Tour ist auf dieser Wanderung durchaus wörtlich zu nehmen. Denn an manchen Stellen geht es entlang der Schieferklippen ganz schön steil runter und der Weg ist nur ein schmaler Pfad. Doch keine Sorge, jeder halbwegs trittsichere Wanderer wird auf dieser Tour seine wahre Freude haben.

Los geht es im Ortszentrum von Trimbs, wo es an Wochenenden und Feiertagen auf den zwei offiziellen Wanderparkplätzen ganz schön voll werden kann. Besser also einen frühen Feierabend nutzen und erst gegen Nachmittag starten. Dann hat man nicht nur die Wege für sich alleine, sondern auch die Chance auf einen großartigen Sonnenuntergang vom Mühlenberg gegen Ende der Tour.

Zunächst geht es aber erst einmal vom Ortskern über die Nette und dann steil bergauf auf den Burgberg, wo man schon einen ersten Blick auf die Schieferberge im weiteren Verlauf der Tour werfen kann. Wer sich nach dem Anstieg nach Erfrischung sehnt, wird erhört: Erst geht es durch einen 250 Meter langen feuchtkühlen ehemaligen Eisenbahntunnel und dann hinab ins Tal der Nette, wo sich nicht nur Vierbeiner die Füße im klaren Wasser kühlen können. Hier bloß nicht den

Abzweig zum Nettewasserfall verpassen, denn der liegt nur 50 Meter vom Weg entfernt! Sobald der Weg das Flusstal verlässt, geht es auch schon rauf auf die Schieferberge oberhalb vom Nettehof. Im Frühling blüht hier zwischen den Schieferfelsen der leuchtend gelbe Ginster. Aber auch ohne Blütentraum ist der schmale Pfad über die Felsen ein absolutes Highlight, das leider viel zu schnell vorbei ist. Und zack wartet der nächste Hö-

Der Nette-Schieferpfad führt durch einen stillgelegten Eisenbahntunnel.

hepunkt: Die weiten Felder geben den Blick auf die einstigen Vulkane der Osteifel frei. Im Frühling blüht hier der Raps, im Sommer wiegen sich Getreideähren im Wind. Und wenn man gerade denkt, dass der Weg nun bis zum Ziel eher unspektakulär vor sich hin plätschert, geht es nach dem Ort rauf auf den Mühlenberg mit seiner ehemaligen Schiefergrube »Fuchsloch«, der antiken Treppe im Schieferfelsen und einer großartigen Aussicht auf Trimbs mit der hinter der Eifellandschaft untergehenden Sonne.

Wer sich vom Sonnenuntergang losreißen kann, wandert in Serpentinen durch ein Meer von weiß blühenden Büschen hinab ins Tal der Nette – ihr heißt es nun bis zum Ende der Tour folgen. So viele Eindrücke auf nur zehn Kilometern muss man erst einmal sacken lassen.

FAZIT: ZEHN KILOMETER ABWECHSLUNG PUR IN DER TRIMBSER SCHWEIZ IN DER OSTEIFEL – MEHR TRAUMPFAD GEHT WIRKLICH NICHT!

Hin & weg: Vom Bahnhof Mayen Ost mit Bus 337 bis zur Haltestelle Nettebrücke, Trimbs oder mit Bus 350 zur Haltestelle Straßburgerhof (1 km vom Wanderweg); alternativ mit dem Auto nach Trimbs (parken am Sportplatz oder unter der Nettebrücke).

Beste Zeit: Ganzjährig. Besonders schön im Frühling (Achtung: an den Wochenenden sehr voll).

Dauer & Strecke: 2,5–3 Std. (bzw. mit Pausen knapp 4 Std.) für 10 km zu Fuß.

Ausrüstung: Wanderschuhe und selbst im Sommer eine Jacke für den kühlen Eisenbahntunnel. Vielleicht ein Sundowner.

TRITT FÜR TRITT

Um einen Klettersteig zu bezwingen, braucht man am Mittelrhein weder ein erfahrener Kletterer zu sein noch viel Zeit. Wanderer mit Bergerfahrung finden auf dem gerade einmal 500 Meter langen Steig das perfekte Feierabendabenteuer. Und wer unsicher ist, leiht sich vorher einfach ein Klettersteigset.

#demHimmelentgegen #volleKonzentration #Mittelrheinalpin

In Sankt Goarshausen haben Rheinsteigwanderer die Wahl: Nehmen sie den klassischen Rheinsteig oder stürzen sie sich ins Klettersteigabenteuer.

Mit Zuweg von Sankt Goarshausen ist die Rabenacksteig-Schleife gerade mal zwei Kilometer lang. Aber die haben es in sich – im positiven Sinne. Direkt vom Bahnhof geht es hinter dem Friedhof steil bergauf in die Weinberge. Schon nach 15 Minuten ist die Abzweigung zum Klettersteig erreicht. Ab jetzt wird es abenteuerlich. Über in den Schieferfelsen gehauene Stahlstifte und Bügel nähert man sich dem größten Highlight oder der größten Herausforderung der Tour: Es ist gewissermaßen eine acht Meter hohe Leiter, die überwinden muss, wer auf den Aussichtsfelsen, die Rabenack (auf 117 Höhenmetern), gelangen will.

Da muss der eine oder andere doch schon ein wenig Mut zusammennehmen. Wer sie überwunden hat, muss den Ausblick über den Rhein nur mit anderen Klettersteiggehern teilen – denn anders kann man den Aussichtspunkt nicht erreichen.

Am schönsten ist es hier zum Sonnenuntergang, aber auch sonst ist die Aussicht auf das Mittelrheintal phänomenal. Zwischen den Felsen blüht von Mai bis Juni der blaue Lattich. Auch das rosa bis lila blühende Rautengewächs Diptam fühlt sich auf den sonnigen Hügeln wohl. Seinen deutschen Namen »Brennender Busch« verdankt es seinem duftenden flüchtigen ätherischen Öl, das in seinen Blüten und Früchten enthalten ist, sich bei heißem Wetter manchmal von selbst entzündet und in bläulichen Flammen verpufft. Neben den zwei Pflanzen stehen auch Mauereidechsen und Segelfalter im »Welterbe Oberes Mittelrheintal« aufgrund ihrer Seltenheit unter Artenschutz.

Tier- und Pflanzenwelt hin oder her – die letzten paar Tritte des Steigs brauchen noch einmal die volle Aufmerksamkeit. Dann ist das Schlimmste (oder Beste?) geschafft und man trifft oberhalb des Weinbergs wieder auf den Rheinsteig.

FAZIT: 500 METER KLETTERSTEIGSPAß AM MITTELRHEIN – PERFEKT AUCH FÜR FAMILIEN MIT KLEINEN KLETTERMAXEN.

Hin & weg: Mit der Regionalbahn zum Bahnhof Sankt Goarshausen.

Beste Zeit: März–November bei trockener Witterung (sonst wird es auf dem Steig schnell rutschig).

Dauer & Strecke: Rund 1,5 Std. für den Steig samt Zuweg mit kurzen Pausen, 2 km.

Ausrüstung: Klettersteigset (kann auf dem Weg nach Sankt Goarshausen an der Aral-Tankstelle in Boppard gegen Gebühr geliehen werden) und/oder alpine Erfahrung.

BACK TO NATURE

Das Rodder Maar, einst Fischteich und Anbauflächen, ist ein perfektes Beispiel dafür, dass Renaturierung und sanfter Tourismus funktionieren können. Viele Tier- und Pflanzenarten haben hier mittlerweile eine Heimat gefunden. Von einem Uferweg mit zahlreichen Bänken kann man sie beobachten.

#Fernglasdabei #allemeineEntchen #nurguckennichtanfassen

Wer mehr (Kilometer) will, wandert auf einer Rundtour weiter ins Vinxtbachtal.

Eigentlich ist das Rodder Maar gar kein Maar, denn es ist nicht vulkanischen Ursprungs. Man vermutet aufgrund seiner kreisrunden Form, dass das Flachgewässer bei Niederdürenbach einst durch einen Meteoriteneinschlag entstanden ist. Im Laufe der Geschichte hat man mehrmals versucht, es trockenzulegen, allerdings wenig erfolgreich. Zum Glück. Denn nur so konnte sich der See zu dem wunderschönen Naturgewässer entwickeln, das er heute ist.

Und das finden nicht nur Spaziergänger und Radfahrer, die sich gerne auf einer der zahlreichen Bänke niederlassen. Sondern auch die Wasservögel wie Wildenten, Haubentaucher und Teichhühner, die das klare Wasser genießen. Graureiher und Kiebitze sind an den seichten Uferzonen anzutreffen, und sogar Schwarzmilane oder Rohrweihen kann man – mit etwas Glück – am Himmel kreisen sehen. Vom Besucherparkplatz am Rodder Maar ist es nicht weit bis zum See. Auch eine Umrundung dauert in normalem Tempo gerade mal 15 bis 30 Minuten (und ist sogar mit Kinderwagen zu bewältigen). Aber darum geht es auch nicht. Wer die scheue Tierwelt am See zu Gesicht bekommen möchte, braucht viel Geduld, geht möglichst langsam und macht möglichst wenig Lärm. Zugegeben nicht gerade Eigenschaften, die uns in unserer schnelllebigen Zeit in die Wiege gelegt werden. Aber gerade deshalb kann in Zeiten von Burnout und Co so ein bewusster Ausflug ins Grüne in Sachen Entschleunigung manchmal wahre Wunder bewirken.

Und während der Birdwatcher abwechselnd mit bloßem Auge und durch das Fernglas oder Teleobjektiv auf die spiegelglatte Wasserober-

Mal direkt am Wasser, mal etwas abseits davon führt der Rodder Maar Rundweg auf knapp zwei Kilometern einmal rund um das Naturgewässer.

fläche späht, die sich im Wind zu kräuseln beginnt, ist der Alltag plötzlich ganz weit weg. Huch, sitzt da etwa ein Kormoran auf dem Baumstumpf mitten im Wasser? Nachdem sich die Population des dunkel gefiederten Wasservogels in Deutschland langsam wieder erholt hat, gilt er mittlerweile nicht mehr als gefährdet. Fischern ist er ein Dorn im Auge und eine unerwünschte Konkurrenz. Nicht so am Rodder Maar, da gibt es sie nämlich nicht. Das Biotop steht nämlich unter Naturschutz, und so sind hier viele Tier- und Pflanzenarten heimisch geworden, die man sonst vor allem von der Roten Liste der bedrohten Arten kennt. Baden und Angeln ist hier nicht erlaubt, und die empfindlichen Ökosysteme am Uferrand sind durch Zäune geschützt. Hier gilt: nur (aus der Ferne) gucken, nicht anfassen.

Hin & weg: Vom Bahnhof Brohl mit dem Vulkan-Express oder Bus 805 bzw. 806 bis Oberzissen. Mit dem Auto zum Besucherparkplatz Rodder Maar unterhalb vom neuen Maarhof.

Beste Zeit: Zu jeder Jahreszeit. Am schönsten in den frühen Morgen- und späten Abendstunden.

Dauer: Je nach Geduld 1–2 Std. Vogelbeobachtung.

Ausrüstung: Fernglas oder Kamera mit Teleobjektiv, etwas Geduld.

FAZIT: VÖGEL BEOBACHTEN, OB VON EINER BANK AUS ODER AUF DEM 2,5 KILOMETER LANGEN SPAZIERWEG UM DEN SEE, KANN JA SO ENTSCHLEUNIGEND SEIN!

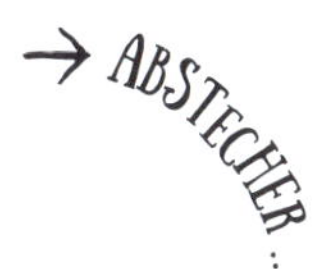

IM REICH DER ORCHIDEEN

Die Orchidee ist die Königin der Blumen. Was viele nicht wissen: Es gibt neben den tropischen Vertretern für die Fensterbank auch in unseren Breiten wildwachsende Sorten. Zwar werden sie durch die intensive Waldbewirtschaftung immer seltener – doch am Kronenberg in Bad Hönningen findet man sie noch zahlreich.

#aufdenWegenbleiben #KöniginderBlumen #Naturschutzgebiet

Orchideen wachsen meist in natürlichen Wäldern mit kalkhaltigen Böden. Einige Arten gedeihen auch auf Trockenrasen und Feuchtwiesen oder in Flachmooren. Was sie aber immer zum Wachsen brauchen, ist: eine Symbiose mit Pilzen, die man auch als Mykorrhiza bezeichnet. Denn ohne die Hilfe der Pilze können die winzigen Samen der Orchideen nicht keimen, weil sie kein Nährgewebe enthalten. Das Ausbuddeln sollte man also nicht nur aus Naturschutzgrünen sein lassen: Im heimischen Garten würde die Pflanze ohne die Waldpilze ohnehin schnell eingehen.

Die Population des auf der Roten Liste als gefährdet verzeichneten Gelben Frauenschuhs (*Cypripedium calceolus*) erholt sich in einem

---

Hin & weg: Mit dem Regionalexpress zum Bahnhof Bad Hönningen oder dem Auto zum Parkplatz Am Tannenbusch (Am Tannenbusch 12, Bad Hönningen).

Beste Zeit: Mai/Juni.

Dauer & Strecke: 1–2 Std. für knapp 5 km zu Fuß.

Ausrüstung: Kamera und ein wachsames Auge.

Mal den Blick in die Ferne (über Bad Hönnigen) schweifen lassen, mal auf den Wegesrand richten – um zum Beispiel die sogenannte Hummel-Ragwurz zu erspähen.

umzäunten Gebiet, andere Vertreter finden Wanderer aber oft direkt am Wegesrand – wie die Hummel-Ragwurz (*Ophrys fuciflora*) oder das Helmknabenkraut (*Orchis militaris*). Wer sich auf die Suche nach ihnen machen will, parkt sein Auto entweder direkt auf dem Wanderparkplatz Am Tannenbusch, oder er spaziert den kurzen Weg vom Bahnhof hinauf. Oft reichen ein kurzer Spaziergang und ein wachsames Auge, um im Frühling die bunten Blüten aufzuspüren.

Keine fünf Kilometer ist diese Runde durch das Naturschutzgebiet lang. Sie führt zunächst zur Kronenberghütte, von wo aus man einen wunderschönen Blick über Bad Hönningen und den Rhein hat. Weiter geht es über die Prüfungsleiterhütten 1 und 2 bergauf. Wer bis hier noch keine Orchideen entdecken konnte, hat entlang des Eichhöllwegs auf dem Rückweg noch gute Chancen. Aber auch wenn nicht gilt »der Weg ist das Ziel« – der Kronenberg und seine Landschaft sind auch unabhängig von den Orchideen wunderschön. Wichtig ist: Wie bei allen Naturschutzgebieten darf auch am Kronenberg die Natur nur von den festgelegten Wegen aus erlebt werden. Das Verlassen des Weges ist zum Schutz der Tiere und Pflanzen genauso untersagt wie Blumen zu pflücken oder Pflanzen auszubuddeln. Und das ist auch gut so! Schließlich wollen wir ja alle noch lange Freude an den heimischen Orchideen haben, oder?

FAZIT: NATUR GENIEßEN UND DIE KÖNIGIN DER BLUMEN IN IHREM NATÜRLICHEN LEBENSRAUM BESUCHEN – NICHT NUR WAS FÜR VERRÜCKTE BLUMENFREUNDE.

HOLLA DIE WALDFEE!

… in Bad Honnef

Holunder ist, zu Sirup und anderen Köstlichkeiten verarbeitet, nicht nur lecker, sondern auch gesund. Er soll gegen Entzündungen und grippale Infekte helfen. Ob wir wohl deshalb sagen: »Holla die Waldfee«? Jedenfalls wächst er vielerorts im Rheintal – und Sirup ist schnell gemacht.

#GartenBadHonnef #Holunderblüte #Frühsommerabenteuer

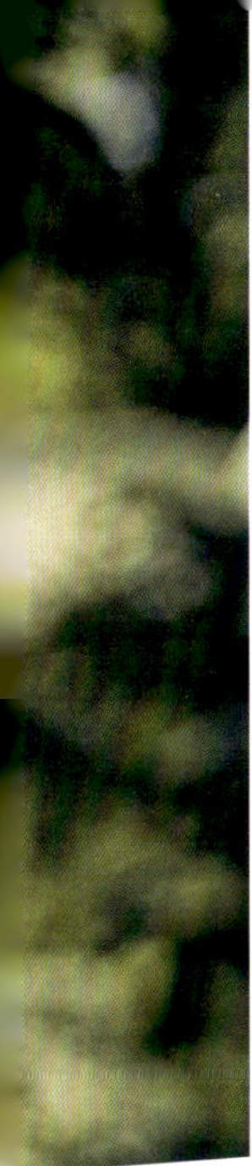

Einer der schönsten Siebengebirgsblicke vom Leyberg oberhalb von Bad Honnef.

→ ABSTECHER ...

Holundersträuche an der Linzer Straße, Obstbäume am Annapfad oder Aprikosen auf dem Spielplatz im Krachsnussbaumweg? Im »Garten Bad Honnef« ist jeder eingeladen, zu ernten. Jedenfalls solange Baum oder Strauch nicht auf einem Privatgrundstück oder in einem Naturschutzgebiet wächst. Die Zeit der Holunderblüte ist – je nach Standort – Ende Mai bis Anfang Juli. Aber einfach nur paar Blütendolden pflücken und daraus einen leckeren Holunderblütensirup kochen, der bis zur nächsten Saison hält, wäre doch fast schon zu langweilig. Warum also nicht das Ganze mit einer kleinen Wanderung auf den Leyberg, den geheimen Hausberg der Stadt, verbinden?

Auch wenn auf dem Weg dorthin im Wald jede Menge Holunderbüsche zu finden sind, muss man sich mit dem Sammeln noch gedulden.

Denn hier im Naturschutzgebiet ist das Pflücken und Sammeln von Pflanzenteilen verboten. Die Blüten wären allerdings bis zur Rückkehr eh schon verwelkt. Die beeindruckende Basaltkuppe des Leybergs taucht ganz unerwartet mitten im Bad Honnefer »Urwald« auf. Um bis zur Spitze zu kommen, ist fast schon ein wenig Kraxelei nötig. Die Sicht auf das Sie-

Mit frischer Zitrone, Erdbeeren und Sprudelwasser aufgegossen, wird aus dem Holunderblütensirup eine erfrischende Limo.

bengebirge und den Rhein entschädigt. Hat man auf dem Rückweg das Naturschutzgebiet hinter sich gelassen, kann die wilde Suche beginnen. Wobei sie nicht lange dauern sollte, denn in unseren Breiten ist der Holunder eine der häufigsten Straucharten.

Zutaten für 2 l Holunderblütensirup:

ca. 6 Handvoll frische Blütendolden
6 unbehandelte Zitronen
2 kg Zucker
2 l Wasser
200 ml Zitronensaft

Für zwei Liter Sirup braucht man rund sechs Handvoll frischer Blütendolden. Zusammen mit den geschnittenen unbehandelten Zitronen und dem Zucker werden sie in dem Wasser und Zitronensaft aufgekocht. Danach lässt man das Gemisch für rund zwei Tage an einem kühlen Ort ziehen. Nun heißt es den Sirup durch ein Tuch sieben und nochmals aufkochen. Wird er danach heiß in sterile Flaschen gefüllt, hält er bis zur nächsten Saison und schmeckt nicht nur gut in Sekt mit Limette und Pfefferminze als »Hugo«, sondern auch mit Sprudelwasser aufgegossen als hausgemachte Limo mit Zitrone und frischen Erdbeeren.

Und das Beste ist: Zur Holunderbeerenzeit im August und September hat man erneut die Gelegenheit loszuziehen. Denn Holunderbeerensirup schmeckt mindestens genauso gut.

FAZIT: HOLUNDERBLÜTEN SAMMELN UND AUF BERGE KLETTERN – EIN FRÜHSOMMERABENTEUER FÜR GROß UND KLEIN.

Hin & weg: Mit dem Regionalexpress zum Bahnhof Bad Honnef oder dem Auto zum Parkplatz an der St.-Martin-Kapelle in Bad Honnef.

Beste Zeit: Mai–Juli.

Dauer & Strecke: Rund 2 Std. für 7 km zu Fuß.

Ausrüstung: Festes Schuhwerk und ein Gefäß zum Sammeln der Holunderblüten.

ZWISCHEN WEINREBEN UND BROM-BEEREN

#11

Dass Leutesdorf auf der Sonnenseite des Rheins liegt, sieht man sofort. Schon seit 1500 Jahren wird an den steilen Hängen Wein angebaut. Und auch ein weiterer sonnenhungriger Vertreter, mit dem wohl viele eine Art Hassliebe verbinden, fühlt sich zwischen Weinreben und Streuobstwiesen pudelwohl: die Brombeere.

#Kratzbeeren #schönsteWeinsicht #aufderSonnenseitedesLebens

Da es in den Weinbergen im Hochsommer oft richtig heiß wird, nutzt man am besten die lauen Abendstunden.

Aus Kindertagen erinnert sich manch einer vielleicht an die Kratzer am Bein nach dem Spielen in der Natur. Schuld war die Kratzbeere (*Rubus caesius*), die wildwachsende, zierliche Brombeerart. Und auch heute kann sie auf so manchem schmalen Wanderpfad zu einer echten Plage werden. Doch der fruchtigsüße Geschmack der schwarzen Frucht entschädigt für alle Blessuren. Übrigens bringt die Pflanze selbst schon das »Gegenmittel« mit: Zerdrückte Brombeerblätter können als Wundauflage die Heilung fördern.

Geerntet werden die schwarzen Beeren von August bis weit in den Oktober hinein, wenn der Wein oft längst schon seinen Weg in die Fässer und Flaschen gefunden hat. Und in Leutesdorf fühlt sie sich scheinbar so wohl, dass die nahegelegene Brombeerschenke gleich ihr gesamtes Speisenangebot ganz der leckeren Frucht gewidmet hat (www.brombeerschenke.de). Wer mag und vor oder nach der Tour dort einkehren möchte, kann gleich von dort starten.

Da es im (Spät-)Sommer in den Weinbergen tagsüber oft fast unerträglich heiß werden kann, kommt man am besten in den lauen Nachmittags- und Abendstunden. Dann ist es nicht nur kühler, sondern man hat auch die Chance, einen der legendären Sonnenuntergänge über dem Rhein zu erleben, die oberhalb von Leutesdorf besonders herrlich sind. Auch wenn es in den Streuobstwiesen über den Weinbergen wunderschön ist, lohnt sich der steile Abstieg trotzdem, denn unterhalb der Apfelbäume lockt die Top-Weinsicht am Mittelrhein mit einer riesigen hölzernen Schaukel zu einer ersten Pause mit Weinbergblick. Hier hat man auch die beste Aussicht auf das Örtchen Leutesdorf selbst.

Die vielleicht schönste Weinsicht am Mittelrhein oder zumindest von Leutesdorf bis weit ins Tal hinüber nach Andernach bietet sich von der Weinbergschaukel.

Durch die Streuobstwiesen geht es später trotzdem noch, bevor der Weg – immer dem Rheinhöhenweg folgend – tief hinein in die Weinberge führt. Spätestens hier trifft man auch die kratz(bürst)ige Beere wieder. Durch die lange Erntezeit kommt es übrigens nicht selten vor, dass Blüten und reife Früchte sich an ein und demselben Strauch zeigen. Und damit auf dem asphaltierten Weg durch die Weinberge nicht womöglich noch Langeweile aufkommt, gibt es rund um die Edmundhütte noch eine kleine Rheinsteigkletterei, bevor es zurück zum Ausgangspunkt geht.

Hin & weg: Bei Einkehr parken an der Brombeerschenke (Neuer Weg 1, 56599 Leutesdorf). Oder mit der Regionalbahn zum Bahnhof Leutesdorf.

Beste Zeit: August–Oktober.

Dauer & Strecke: 2 Std. für rund 7 km zu Fuß. Wer am Bahnhof startet, muss 5 km und 200 Höhenmeter zusätzlich rechnen.

Ausrüstung: Kindlicher Entdeckergeist und Platz im Rucksack für den Brombeerwein.

Tipp: In der Brombeerschenke kann man den hausgemachten Brombeerwein auch in Flaschen kaufen – zum Mitnehmen und Daheim-Genießen.

FAZIT: WEINBERGE DURCHSTREIFEN, BROMBEEREN NASCHEN UND IN DEN SONNENUNTERGANG SCHAUKELN – DA WERDEN SELBST ERWACHSENE WIEDER ZUM KIND.

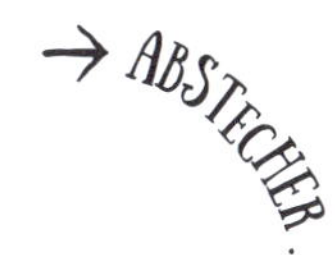

ALOHA AUF DER MOSEL!

... zwischen Koblenz und Winningen

#12

Wie gut, dass die Mosel im Gegensatz zum Rhein in Sachen Fließgeschwindigkeit eher auf »Hang Loose« macht! So eignet sie sich – selbst für Anfänger – zum Stand-up-Paddeln.

#SUP #HangLoose #Wassermarsch

Dass das Paddeln auf der Mosel entlang der grün bewachsenen Steilfelsen viel mehr Spaß macht als auf dem Badesee im Kreis, stellen sowohl Neulinge als auch eingefleischte Fans schnell fest. Da die Mosel in Koblenz aufgestaut wird, ist die Fließgeschwindigkeit zwischen Koblenz-Metternich und Winningen drastisch reduziert. Auch Hindernisse gibt es keine, sodass sich der Abschnitt wunderbar auch für Anfänger eignet. Verleihstationen gibt es an beiden Enden – am Stattstrand in Koblenz sowie beim Kanuverleih in Winningen. Wer sein eigenes Board hat, kann auch dazwischen einsteigen.

Ob man nun die ersten Paddelschläge übt, sich faul in der Sonne auf dem Brett herumtreiben lässt oder die ganze Strecke (vielleicht sogar in beide Richtungen) zurücklegt, ist egal, das Urlaubsgefühl stellt sich – einmal auf dem Wasser – sofort ein.

Nach dem Paddeln sorgt die Beach-Atmosphäre am Statt-Strand in Koblenz für eine Extraportion Hawaii-Feeling.

Wie der Zubehör schon verrät, handelt es sich beim SUP um eine Surfsportart. Anders als beim klassischen Wellenreiten wird zur Fortbewegung ein Paddel benutzt, dessen Einsatz das Surfen auf stehenden oder im Falle der Mosel fließendem Gewässer auch ohne Wind und hohe Wellen möglich macht. Die Technik wurde bereits vor Jahrtausenden von den polynesischen Fischern angewendet, die sich in ihren Kanus stehend vor Tahiti auf dem Meer fortbewegten. Im 20. Jahrhundert wurde sie dann von hawaiianischen Surflehrern adaptiert, um auf dem Board schneller zu den wellenbrechenden Riffen zurückzugelangen.

Die grundlegende Technik ist – im Gegensatz zu den klassischen Surfsportarten – leicht zu erlernen: Um geradeaus zu fahren, zieht man das Paddel nahe am Board nach hinten durchs Wasser. Wer es in weitem Bogen durchs Wasser zieht, lenkt sein Board auf eine Kurvenbahn. Und wer das Paddel erst zum Board und dann parallel nach hinten führt, und das immerzu auf ein und derselben Seite, und trotzdem schnurgeradeaus fährt, hat die Königsdisziplin erreicht! Experten zufolge beherrscht man sie irgendwann von ganz alleine. Anfänger suchen sich am besten einen warmen Sommertag aus, wenn das Reinfallen eine angenehme Erfrischung ist. Wer sich sicher fühlt, genießt in den herbstlich kühlen Morgen- und Abendstunden die Ruhe auf dem Fluss – die sind nämlich besonders magisch. Und wer noch nicht genug hat vom Urlaubs-Feeling kehrt nach der Paddelei auf einen Drink (oder zwei) im Statt-Strand Koblenz, direkt an der SUP-Station, ein.

FAZIT: SURFSPORT ABSEITS DER KÜSTEN KANN AUCH OHNE WELLEN SCHÖN SEIN.

Hin & weg: Mit dem Auto oder Bus 4 bzw. 14 zur SUP-Station Koblenz (Parkplatz Statt-Strand in der Universitätsstraße, www.supstationkoblenz.de) oder mit dem Auto zum SUP-Verleih in Winningen (Fährstraße 1, www.supschule-koblenz.de).

Beste Zeit: Juni–September (ansonsten nur mit eigenem Board).

Dauer & Strecke: 1–22 km – je nach Lust und Können; 1–2 Std. reichen für das perfekte Urlaubsfeeling.

Ausrüstung: Falls vorhanden, das eigene SUP-Board. Badekleidung oder schnelltrocknende Sportkleidung, Wechselsachen.

MOSELLUFT SCHNUPPERN

Der »Moseltraum«, eines der kürzesten Traumpfädchen führt den Spazierwanderer durch die Weinberge oberhalb des Moselörtchens Winningen – es ist perfekt für Familien, Wanderanfänger und alle, die Lust auf einen spontanen Ausflug zum Feierabend haben.

#Moselseitensprung #malabseitsvomRhein #Weinberge #Fachwerkörtchen

Das Traumpfädchen Moseltraum ist ideal für alle, die Vater Rhein mal den Rücken zukehren und in kurzer Zeit ein wenig Moselluft schnuppern möchten. Gerade einmal eine gute Stunde muss man für die 3,4 Kilometer lange Spazierwanderung einplanen. Da bleibt selbst bei einem Kurztrip nach Feierabend noch genug Zeit für einen Ortsrundgang durch das hübsche Moselörtchen mit zünftiger Einkehr samt Moselriesling in einer der Weinstuben.

Die Wanderung beginnt an der Landstraße L125, wo es auf der rechten Seite einen gut ausgeschilderten Wanderparkplatz gibt. Von dort geht es talabwärts zur Weilsbornquelle. Durch eine kleine Gartenanlage und später

---

Hin & weg: Mit dem Auto zum Parkplatz Weilsbornquelle (an der L 125).

Beste Zeit: Juni–Oktober.

Dauer & Strecke: 2–3 Std. für gut 3 km zu Fuß, plus Zeit für Stadtbummel und Einkehr.

Ausrüstung: Sonnenbrille, bequeme Schuhe und Urlaubsreife.

Durch die schmalen Gassen schlendern und zwischen Weinreben Sonne und Aussicht genießen – Urlaubsfeeling ist auf dieser Tour garantiert.

entlang alter Weinbergsmauern führt das Traumpfädchen hinauf in die Weinberge.

Oben geht es dann bis zur Aussicht Vogelsang in sanftem Auf und Ab, dann kommt der einzige (wirkliche) Aufstieg der Tour, und zwar hinauf zur Domgartenhütte, wo der schönste Ausblick der Wanderung wartet. Er reicht über den Ort bis weit ins Moseltal und den Koblenzer Stadtteil Lay am gegenüberliegenden Flussufer. Mit Moselsteig und Rheinburgenweg heißt es nun zwischen Wiesen und Hangkante entlangwandern. Ersterem folgt der Weg dann auch zurück bis (fast) zum Ausgangspunkt.

Als Abstecher vom Vogelsang bietet sich ein Ortsbummel durch das hübsche Fachwerkdorf Winningen an. Wer lieber weiterwandert, sollte nach Ende der Tour unbedingt nochmal mit dem Auto zurückfahren und sich den Ort ansehen. Denn mit seinen engen, mit Kopfsteinen gepflasterten Gassen, Fachwerkhäuschen sowie den Fassaden mit Weinreben ist er wirklich ein Moselörtchen wie im Bilderbuch. Für das echte Moselfeeling darf natürlich eine Einkehr beim Winzer nicht fehlen – zum Beispiel in Klein's Fronhof im ältesten Haus des Dorfes aus dem Jahr 989 (Fronstraße 3, www.kleins-fronhof.eatbu.com). Übrigens findet in Winningen jedes Jahr Ende August, Anfang September für zehn Tage das älteste Weinfest Deutschlands statt. Für die Zeit ist es dann allerdings vorbei mit der dörflichen Ruhe.

FAZIT: ÜBERALL WEINBERGE, AUSBLICKE UND EIN HÜBSCHES MOSELÖRTCHEN – QUASI EINE MEDITERRANE MINIAUSZEIT ZUM FEIERABEND.

DAGEGEN IST EIN KRAUT GEWACHSEN

... auf dem Wildkräuterweg in Assmannshausen

Wildkräuter sind nicht nur die Superhelden in der Küche, sie können auch gegen allerlei Wehwehchen helfen. Und so viele von ihnen wachsen direkt vor der Haustür – ohne dass wir ihnen besondere Beachtung schenken: Spätestens nach dieser Eskapade auf dem Wildkräuterweg Assmannshausen wird dies anders sein.

#Taunus #grüneMagie #Kräutersammeln #istdasnichtFenchel?

Die katholische Heilig-Kreuz-Kirche dominiert das Stadtbild von Assmannshausen.

Der Wildkräuterweg Assmannshausen führt zu den schönsten Aussichtspunkten des Rotweinorts am Assmannshäuser Höllenberg und im Weingebiet Frankental. Aber das ist noch lange nicht alles: Zwanzig Infotafeln erklären die artenreiche Wildkräuterlandschaft des milden Mittelrheintals – und auch, welche positiven Eigenschaften sie neben ihrem leckeren Geschmack auf unsere Gesundheit haben. Wer einmal gelernt hat, wie Oregano, Fenchel, Schildampfer & Co. aussehen, und seinen Blick geschärft hat, der wird sie auch in der Weinbergwildnis schnell entdecken. Und so wird die Rundwanderung selbst auf den oftmals breiten Weinbergwegen nie langweilig.

Oh, ist das nicht ein Oregano-Busch, der da so schön blüht? Das mediterrane Kraut ist wegen seines aromatisch-herben Geschmacks un-

Bei all den Kräutern am Wegesrand bloß nicht vergessen die Aussicht auf den Rhein zu genießen!

verzichtbar für viele Pizza- und Nudelgerichte. Als Tee zubereitet, kann es darüber hinaus Magen-Darm-Beschwerden oder Bronchitis-Symptome lindern. Und das? Ist das etwa Fenchel? Typisch ist sein Anis-Geschmack und die heilsame Wirkung bei Magen-Darm-Problemen. Wer ein paar Kräuter für den Extrapfiff im Abendessen pflücken möchte, sollte aber aufpassen: Das Sammeln ist nur außerhalb von Naturschutzgebieten und Privatgrundstücken erlaubt.

Los geht der rund acht Kilometer lange Themenweg am kostenlosen Parkplatz Höllenbergstraße. Einmal die Straße überquert, und schon führt er mitten hinein in die Weinberge, und auch die erste Infotafel lässt nicht lange auf sich warten. Hat man den Höllenberg erklommen, geht es in gemütlichen Serpentinen hinab ans Rheinufer. Überhaupt führt der Weg – anders als die meisten Wanderwege am Mittelrhein – ausschließlich über befestigte Wege, also Schotter oder Asphalt, was ihn auch kinderwagengeeignet macht. Einzig die lange Treppe vom Ort hinauf ins Weingebiet Frankental müsste man dann über einen kleinen Umweg umgehen.

Was die Eskapade neben der Wildkräutersafari noch kinderfreundlicher macht, ist eine Fahrt mit der Sesselbahn zurück ins Tal. Denn der offizielle Kräuterweg endet direkt an der Bergstation der Niederwald-Seilbahn. Von hier geht es wahlweise über einen zwei Kilometer langen Waldweg oder eben mit dem Sessellift zurück ins Tal.

FAZIT: EINE SPANNENDE WILDKRÄUTERTOUR FÜR DIE GANZE FAMILIE.

Hin & weg: Mit dem Auto zum Parkplatz Höllenbergstraße (Niederwaldstraße 65, Rüdesheim) oder mit der Regionalbahn zum Bahnhof Assmannshausen.

Beste Zeit: Frühjahr/Sommer.

Dauer & Strecke: 3–4 Std. für 8 km zu Fuß.

Ausrüstung: Eine Prise Wissensdurst sowie offene Augen (und Nasen).

HINAUF AUF DEN GROßEN KOPF

Wie ein gallisches Dorf, quasi als Enklave des Rhein-Lahn-Kreises, liegt Arzbach mitten im Westerwald. Ein »Wäller Schnippel« (Westerwälder Schnipsel) also, wie man hier auf Wäller Platt sagt. Die gleichnamige Rundwanderung führt vom Ortskern auf den Großen Kopf auf 434 Metern – eine echte Bergtour à la Westerwald!

#GroßerKopf #Augst #WällerPlatt #Römerturm

Die spinnen, die Wäller, könnte man sagen, wenn man den Namen der 9,5 Kilometer langen Wanderung hört und bei den Parallelen zu Asterix und Obelix und ihrem gallischen Dorf bleibt. »Wäller Platt« nennt man den Dialekt, der im größten Teil des Westerwalds im nordöstlichen Rheinland-Pfalz gesprochen wird und zum moselfränkischen Dialekt gehört. Tatsächlich hat man es als Zugereister manchmal nicht leicht, ein Westerwälder Urgestein zu verstehen. Wie gut, dass die Ausschilderung der Rundwanderung so nachvollziehbar

Hin & weg: Ab Bahnhof Bad Ems mit Bus 557 bis zur Haltestelle Am Mühlenberg, Arzbach, oder mit dem Auto zum Parkplatz am Kirmesplatz in Arzbach (Kennelbachstraße).

Beste Zeit: Ganzjährig. An den Wochenenden kann es rund um den Gipfel ziemlich voll werden.

Dauer & Strecke: 2,5–3 Std. (bzw. mit Pausen maximal 4 Std.) für 9,5 km zu Fuß, plus ca. 1 km für den Zuweg zum Gipfel und wieder zurück.

Ausrüstung: Das Buch »Wäller Platt« von Christian Heger erleichtert die Kommunikation mit den Einheimischen.

Schon unterhalb des Stefansturms sind die Ausblicke grandios. Den Abstecher zum Gipfel sollte man sich trotzdem nicht entgehen lassen.

ist, dass man auch ohne nach dem Weg zu fragen ans Ziel kommt. Das ist in diesem Fall der Große Kopf, der immerhin 434 Meter am Rand der Montabauer Höhe aufragt.

Auf gar keinen Fall darf man den Abzweig verpassen, denn der Gipfel liegt nicht auf der ausgeschilderten Hauptroute. Erst durch den Wald und dann durch ein Meer aus Farnen geht es auf seine Spitze, wo der Stefansturm steht, ein wiederaufgebauter Römerturm. Von oben reicht der Blick weit über die Augst-Region bis zur Köppel.

Während der Aufstieg vom Ortskern eher unspektakulär ist und vor allem von breiten Wirtschaftswegen durch den Wald dominiert wird, geht es auf dem Rückweg über die Augstblickhütte am Allmacht-Wegekreuz vorbei ins Kunzbachtal. Wenn sie so immer dem Bachlauf folgend durch den Wald marschieren und die Sonne durch die Baumkronen scheint, ertappen sich vielleicht manche, wie sie heimlich im Kopf singen »O du schöner Westerwald, über deine Höhen pfeift der Wind so kalt. Jedoch der kleinste Sonnenschein, dringt tief ins Herz hinein«. Das gilt an diesem Tag nicht nur für den Sonnenschein, sondern auch für die Tour.

Schließlich verlässt der Weg das Tal über die weite Wiesenfläche und der Ort kommt wieder in Sicht. Ab jetzt ist es nur noch ein Katzensprung zum Ausgangspunkt.

FAZIT: EINE WASCHECHTE GIPFELTOUR IM WESTERWALD MIT KLEINEM AUSFLUG IN DIE WÄLLER MUNDART.

TAKE IT
EASY

EISBADEN FÜR ANFÄNGER

… im Rotter See bei Troisdorf

Eisbaden stärkt das Immunsystem, fördert die Regeneration und macht durch die Ausschüttung von Endorphinen einfach glücklich. Wer damit beginnen möchte, sollte seinen Körper langsam an die kälter werdenden Temperaturen gewöhnen und im Spätsommer starten – den Badesee hat man schon jetzt ganz für sich alleine.

#TrainingfürsEisbaden #abinsWasser #sichmalwastrauen

Die himmelblauen Blüten der Wegwarte täuschen darüber hinweg, dass der Herbst bereits im Anmarsch ist.

Es ist, als wäre man in einer ganz anderen Welt. Der Parkplatz ist leer und am See, der im Sommer häufig überfüllt ist, herrscht gähnende Leere. Nur Blesshuhn-Pärchen planschen jetzt noch im glasklaren Wasser und trompeten in die Stille hinein. Und hin und wieder läuft vielleicht ein Jogger vorbei. Bei um die 15 Grad Lufttemperatur ist das Wasser im Frühherbst meist noch über 20 Grad warm – perfekte Badetemperatur eigentlich. Ob man einfach nur beim Schwimmen den See für sich alleine haben möchte oder tatsächlich das Winter- bzw. Eisbaden trainieren möchte, bleibt einem selbst überlassen.

Der Rotter See in Troisdorf ist 17 Hektar groß und in den 1970er-Jahren aus einer Kiesgrube entstanden. Er ist neben den ausgewiesenen Badestellen an der Sieg (Meindorf und Bergheimer-Fahr) und Agger (Aggerwehr beim Freibad) eines der wenigen Freigewässer im Großraum Bonn, in denen das Baden erlaubt ist. Auf eigene Gefahr versteht sich.

Und jetzt einfach so ins kühle Nass springen? Keine gute Idee! Nicht nur im Winter, sondern auch schon jetzt sollte man sich vor dem Baden aufwärmen – am besten mit einer Runde Joggen oder Walken um den See. Ist man dann einmal im Wasser, ist es eigentlich gar nicht mehr kalt. Und ob es nun an der herrlichen Stille liegt, der wunderschönen Umgebung oder tatsächlich schon am kalten Wasser – Fakt ist: Auch Herbstbaden kann schon verdammt glücklich machen. Und süchtig!

Wer jetzt Blut geleckt hat und auch in der Herbst-Winter-Saison weiter im Freigewässer baden möchte, sollte folgende Faustregel beachten: maximal eine Minute baden pro Grad Wassertemperatur. Das heißt, bei zehn Grad

Kühle Temperaturen und fehlende Sonne? Perfektes Badewetter, wenn man seinen Lieblingssee ganz für sich alleine haben möchte.

Wassertemperatur sollte man maximal zehn Minuten im Wasser bleiben. Anfänger bleiben lieber deutlich darunter, und wer sich krank fühlt oder Herz- oder Kreislaufprobleme hat, sollte das »richtige« Eisbaden lieber ganz sein lassen. Wobei der Begriff »Winterbaden« eigentlich viel treffender ist, denn man bezeichnet damit das Baden zwischen Herbst und Frühjahr. Wenn es richtig kalt ist, schützen zudem Mütze und Handschuhe gegen die Auskühlung von Kopf und Händen, bei Temperaturen um die null Grad empfehlen sich Badeschuhe aus Neopren. Dann sollte man auch nur noch bis zur Brust ins Wasser gehen. Aber bis es so weit ist, gibt es noch einige schöne Herbstbadetage, an denen das Schwimmen auch für weniger Hartgesottene geeignet ist. Übrigens: Nach dem Baden möglichst schnell abtrocken und rein in trockene Klamotten, ein heißer Tee wärmt zusätzlich von innen.

Hin & weg: Mit dem Auto zum Parkplatz Freizeitanlage Rotter See (Uckendorfer Straße Höhe 135, Troisdorf) oder ab Bahnhof Troisdorf mit Bus 507 bis zur Haltestelle Bremer Straße.

Beste Zeit: Spätsommer und Herbst (für hartgesottene Eisbader auch Winter bis Frühjahr).

Dauer: Mit Aufwärmen und Tea Time danach rund 1–1,5 Std.

Ausrüstung: Badesachen, warme Kleidung, ein Handtuch und eine Thermoskanne Tee, vielleicht auch Mütze, Handschuhe und Neoprenschuhe.

FAZIT: DIE HERBSTLICHE VARIANTE DES EISBADENS IST NICHT NUR WAS FÜR HARTGESOTTENE, SONDERN FÜR ALLE, DIE DEN BADESEE GANZ FÜR SICH ALLEINE GENIEßEN MÖCHTEN.

HEIDE-WITZKA GANZ IN LILA!

... in der Wahner Heide bei Troisdorf

#17

Weite Dünenlandschaften, sumpfige Bruchwälder, feuchte Heidemoore: All das findet man in Nordrhein-Westfalens zweitgrößtem und artenreichstem Naturschutzgebiet. Hindurch führen zahlreiche Wanderwege, die zur Heideblüte im August und September besonders schön sind.

#lilaBlütenmeer #Heideblüte #Fliegenbergtour

→ ABSTECHER

Die freigegebenen Wanderwege in der Wahner Heide sind durch markante Holzpfähle mit rotem Kopf markiert.

Mit etwa hundert Brutvogelarten, mehr als 2500 Käferarten und über siebenhundert Pflanzenarten der Roten Liste gilt die Wahner Heide als das artenreichste Naturschutzgebiet Nordrhein-Westfalens. Diese Landschaft hat zu jeder Jahreszeit ihren Reiz. Wenn sich die Heideflächen im Spätsommer jedoch in ein violettes Meer aus Millionen von Blüten verwandeln, versprüht sie mit den sandigen Pfaden dazwischen, den knorrigen Kiefern und den silbrigen Birken einen Zauber, den man sonst nur von der großen Lüneburger Schwester kennt. Da wird es zur Nebensache, dass in regelmäßigen Abständen die Flugzeuge vom nahegelegenen Flughafen Köln-Bonn über die Köpfe hinwegfliegen und das leise Rauschen der nahen Autobahn ein permanenter Begleiter ist.

Zu den größten zusammenhängenden Calluna-Heiden auf dem Fliegenberg, dem 250 Jahre alten Hainsimsen-Buchenwald auf dem

Güldenberg sowie dem Leyenweiher führt die rund zehn Kilometer lange Fliegenbergtour – mit dem gelb-schwarzen Schafskopf als Symbol. Los geht es an der Burg Wissem in Troisdorf. Zunächst entlang des Hirschparks und später vorbei am Waldfriedhof führt der Weg direkt in Richtung Wahner Heide. Schnell ist der Leyenweiher erreicht und damit ein schöner Platz für eine erste kleine Pause. Dahinter kommen bereits die ersten Heidevorboten in Sicht. Aber bloß nicht ungeduldig werden! Der Heideblütentraum läuft nicht weg und sieht im warmen Abendlicht noch zauberhafter aus als tagsüber.

Erst einmal geht es für einen Schlenker auf den Güldenberg. Unter den alten Buchen wächst eine Krautschicht aus weißer Hainsim-

Am schönsten leuchten die lila Heideblüten im warmen Abendlicht – daher den Beginn der Wanderung am besten auf den späten Nachmittag legen.

se, ein Zeichen für sauren Boden und typisch für den eigens so genannten »Hainsimsen-Buchenwald«. Und da liegt es plötzlich vor einem: das lila Meer aus Heideblüten, das mit der Abendsonne um die Wette leuchtet. Erst wer weiter und weiter auf den sandigen Pfaden in das Naturschutzgebiet vordringt, merkt, wie weitläufig das Areal eigentlich ist. Auch auf der anderen Seite der Altenrather Straße hört das Blütenmeer nicht auf. Erst wenn man den Telegrafenberg hinter sich gelassen hat, taucht der Weg wieder ab in den Wald, der den Wanderer erst zurück in Troisdorf wieder ausspuckt. Wer den Sonnenuntergang noch bis zum Ende in der Heide ausgekostet hat, läuft ihn in der Dämmerung. Wie gut, dass die Wege so gut ausgeschildert sind, dass Verlaufen eigentlich unmöglich ist.

FAZIT: DAS LILA BLÜTENMEER DER HEIDEBLÜTE IN DER WAHNER HEIDE – EIN MAGISCHES ERLEBNIS, BESONDERS ZUM SONNENUNTERGANG.

Hin & weg: Mit dem Auto zum Parkplatz Burg Wissem (Burgallee, Troisdorf; vor 18 Uhr beträgt die maximale Parkdauer nur 3 Std.) oder Wahner Heide; alternativ mit der Bahn zum Bahnhof Troisdorf.

Beste Zeit: August/September.

Dauer & Strecke: 2–3 Std. reine Gehzeit, mit Pausen entsprechend länger, für 10 km zu Fuß; wer mit dem Zug kommt, muss je 15 Gehminuten mehr für Hin- und Rückweg einplanen.

Ausrüstung: Kamera nicht vergessen!

AUF INS DSCHUNGEL-ABENTEUER!

... auf der Traumschleife Ehrbachklamm im Hunsrück

Um den Hunsrück mit seinen wilden Landschaften zu erleben, muss man gar nicht weit fahren. Hinter Boppard am Rhein erheben sich bereits die ersten Höhenzüge – und nahe der Ortschaft Oppenhausen schlängelt sich die Ehrbachschlucht mit dem gleichnamigen Bach hindurch.

#Ehrbachklamm #Hunsrück #Traumschleife

Einen der spektakulärsten Ausblicke der gesamten Wanderung gibt's von der felsigen Peterslay.

→ ABSTECHER …

Wer sich das am Wochenende übliche Gerangel um die Parkplätze am Wanderparkplatz ersparen möchte, parkt sein Auto bereits direkt am Ortseingang von Oppenhausen, wo es meist massig Auswahl gibt. Die Verlängerung des Weges um jeweils einen Kilometer ist bei einer Gesamtweglänge von 8,4 Kilometern kein Problem. Von hier geht es erst durch den Ort, später dann vorbei an Apfelbaumwiesen über die Hochebene.

Es dauert nicht lange, und schon schlängelt sich der Weg langsam in das Ehrbachtal hinab – schließlich müssen die knapp 400 Meter Höhendifferenz ja auch irgendwo herkommen. Am Talboden angekommen, folgt man auf schmalen Pfaden dem Ehrbach – zunächst noch durch eine weite Auenlandschaft, bis sich das Tal immer weiter verschmälert und zu einer richtigen Schlucht wird.

Hier begegnen dem Wanderer auch die ersten Seile und Geländer, die das Gehen auf den sehr glitschigen, moosbewachsenen Tonschiefersteinen deutlich erleichtern. Man fühlt sich fast wie im Dschungel. Neben Far-

Einkehrmöglichkeiten gibt es erst am Ende der Tour; wer sich unterwegs Zeit lassen will, nimmt Picknick mit.

nen und Moos sprießen jetzt zur Herbstzeit auch überall kleine braune Pilze aus dem Boden. Mal rechts, mal links neben dem Fluss geht's rund 1,5 Kilometer durch die Klamm, wie man in der Region übrigens eine Schlucht bezeichnet. Bei der Ehrbachklamm handelt es sich also nicht um eine richtige Klamm nach dem allgemeinen Wortsinn. Aber – ob Klamm oder Schlucht: Schön ist sie auf jeden Fall.

Dann wird es anstrengend, denn schließlich muss der Weg ja irgendwie zurück zum Ausgangspunkt führen. Der Aufstieg könnte spektakulärer nicht sein – schließlich führt er in steilen Serpentinen fast senkrecht die Felswand hinauf. Wohl dem, der den Sitzgelegenheiten in der feucht-kühlen Schlucht bisher widerstanden hat, er wird – oben angelangt – mit einer perfekten Picknickbank mit Ausblick belohnt. Der anschließende Wegabschnitt hat fast schon alpinen Charakter. Als schmaler Pfad schlängelt er sich beinahe wie ein waschechter Kammweg über die mit Eichen bewachsenen, felsigen Hänge und bietet immer wieder fantastische Ausblicke meist inklusive Sitzgelegenheit. Spätestens hier erklärt sich, wie die Traumschleife es auf 93 von 100 (theoretisch) möglichen Erlebnispunkten des Deutschen Wanderverbandes bringt!

Mit dem sogenannten Steinernen Hund erreicht man schließlich den vorletzten und spektakulärsten von mehreren Aussichtspunkten entlang des Weges. Noch ein Stückchen folgt der Weg dem schmalen Grat, vorbei an blühenden Heidebüschen und knorrigen Eichen, bis es auf einem breiten Forstweg durch den Wald und später über Wiesen und Felder zurück zum Ausgangspunkt geht.

FAZIT: DSCHUNGELABENTEUER À LA HUNSRÜCK – SO NAH UND DOCH SO GUT!

Hin & weg: Mit dem Auto zum Wanderparkplatz Oppenhausen an der K 120 (Mittelstraße, Boppard) oder von Boppard kommend zum Ortsanfang von Oppenhausen.

Beste Zeit: Ganzjährig: Im Herbst/Winter und bei Regen kann es jedoch ziemlich rutschig werden.

Dauer & Strecke: 2–3 Std. (reine Gehzeit, mit Pausen entsprechend länger) für 8,4 km (ab Wanderparkplatz; ab Ortsanfang sind es 10,4 km) zu Fuß.

Ausrüstung: Festes Schuhwerk und etwas Trittsicherheit.

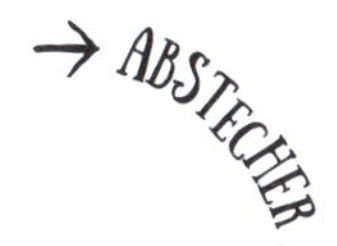

ALLE MEINE BLÄTTCHEN

... auf dem Rundweg Namedy

#19

»Alle meine Blättchen leuchten um die Wette« – so würde wohl der Titelsong zu dieser Eskapade lauten. Sie spielt im Andernacher Stadtwald rund um den Krahnenberg, der nicht nur für seine Aussichten, sondern auch für den Mischwald bekannt ist, der jetzt im Herbst in den buntesten Farben schillert.

#bunteBlätter #Blätterpressen #schönsteWeinsicht #Herbstdekogratis

Wie kann so eine schöne Rundwanderung nur so einen schnarchigen Namen haben? Das fragt man sich eigentlich während der gesamten Wanderung auf dem Rundweg Namedy. Denn verdient hat sie es nicht! Jetzt im Herbst ist es in den Mischwäldern rund um Andernach besonders schön. Die Tour ist quasi die größere Schwester des Traumpfädchens Kleiner Stern. Mit rund zehn Kilometern ist sie etwas länger und weniger bekannt – und damit auch weniger frequentiert. Wenn da nicht Wanderfreude aufkommt!

Gibt es im Herbst ein schöneres Geräusch als das Rascheln des Laubs unter den Füßen bei jedem Schritt?

Man kann die Wanderung entweder direkt im Ortskern von Namedy starten oder am Wanderparkplatz Krahnenberg. Damit spart man sich die Ortsdurchquerung und nimmt stattdessen einen Alternativweg oberhalb des Ortes. Erst mal gibt es aber gleich zu Anfang zahlreiche Ausblicke: die Kanzel auf dem Krahnenberg sowie die »schönste Weinsicht 2016«, die weit über den Rhein und das benachbarte Leutesdorf reicht. Wer hier steht und das Panorama genießt, wird zustimmen: Der Spot hat den Titel zu Recht verliehen bekommen. Der Blick zurück nach Andernach und weit über die Eifel bietet sich vom eindrucksvollen Andernacher Hochkreuz. Hier gibt es auch jede Menge Picknickbänke. Danach wird es (relativ) einsam, denn der Weg verlässt das bekannte Traumpfädchen und führt auf weniger bekannten Wegen durch den Andernacher Stadtwald, der im Herbst in allen Farben leuchtet.

Also heißt es endlich: Blätter sammeln! Die schönsten und buntesten wandern direkt in die mitgebrachte Brotdose und später in ein dickes, altes Buch. Erst zwei Schichten Zeitungspapier, dann das Blatt, dann nochmal zwei Schichten Zeitungspapier und ab an einen trockenen Ort damit! In rund sieben bis zehn Tagen ist die natürliche und kostenlose Herbstdeko für die eigenen vier Wände fertig - und zugleich die Erinnerung an einen wunderschönen Herbsttag konserviert.

FAZIT: BUNTE BLÄTTER SAMMELN UND AUSSICHTEN GENIEẞEN – IM ANDERNACHER STADTWALD ZEIGT SICH DER HERBST VON SEINER SCHÖNSTEN SEITE.

Hin & weg: Mit dem Auto zum Parkplatz Krahnenberg in Andernach oder mit dem Rufbus bis zur Haltestelle Krahnenberg 2 (Tel.-Nr.: 0 26 32/29 83 21).

Beste Zeit: Ganzjährig. Für die Blätterjagt: Oktober/November.

Dauer & Strecke: 2–3 Std. für rund 10 km zu Fuß.

Ausrüstung: Bequeme Schuhe und eine Brotdose zum Transport der schönsten Blätter.

DIE KRANICHE BEGRÜßEN

... von der Löwenburg im Siebengebirge

#20

Ende Februar, Anfang März kehren die ersten Zugvögel zurück nach Deutschland und kündigen damit den Frühling an. Auch die Kraniche. Von der Löwenburg auf dem zweithöchsten Gipfel des Siebengebirges lässt sich nicht nur die Aussicht, sondern auch ihr Formationsflug betrachten – am besten zum Sonnenuntergang.

#derZugderKraniche #Aussichtgenießen #nichtdieTaschenlampevergessen

Mit einem Drink den Kranichen und dem nahenden Frühling zuprosten - Vorfrühlingswandern at its best!

Die meisten Kraniche verbringen den Winter in den sonnigen Gebieten Spaniens oder Frankreichs. Vom französischen Lac du Der in der Champagne kommend, überqueren sie in kleineren Gruppen ab Mitte Februar entlang der westlichen Route das Mittelrheintal. Manche Zugketten zählen sogar über 1500 Tiere! Ihr lautes Trompeten kündigt das Ende des - zugegeben meist milden - Winters im Mittelrheintal an und macht Lust auf eine kleine Vorfrühlingswanderung auf den zweithöchsten Gipfel des Siebengebirges. Dort oben thront die frei zugängliche Ruine der Löwenburg, die selbst schon eine kleine Eskapade am Feierabend wert ist.

Mit - je nach Belieben oder Temperatur - einem kalten oder heißen Getränk und einem Feldstecher im Gepäck geht es von der Margarethenhöhe vorbei am Lohrberg bis zum Gipfel. Unterwegs bloß nicht den Drei-Seen-Blick vom Erpelntalskopf verpassen, von dem aus man auch ohne Hochprozentiges den Rhein gleich dreifach erspähen kann. Jetzt aber nicht zu viel trödeln, zumindest falls man

Hin & weg: Mit dem Auto zum Parkplatz Margarethenhöhe (an der L 331) oder ab Bahnhof Königswinter mit Bus 521 zur Haltestelle Ittenbach Margarethenhöhe.

Beste Zeit: Zum Herbstzug im Oktober/November oder Februar/März.

Dauer & Strecke: 2-3 Std. für 6 km zu Fuß.

Ausrüstung: Wanderschuhe, Feldstecher, Sundowner und eventuell Taschenlampe.

Am Drei-Seen-Blick am Lohrberg reicht die Aussicht von der Eifel im Süden bis zum Großraum Köln-Bonn im Norden.

am Nachmittag unterwegs ist und die Sonne schon immer tiefer sinkt. Die begehbare Ruine der Löwenburg mit den Ausgrabungen und den Resten des Bergfriedes ist im Sommer ein beliebter Sonnenuntergangsspot. Die Löwenburg-Ruine ist die einzige in den Grundfesten erhaltene Höhenburg am Mittelrhein. Historiker vermuten, dass sie um 1200 von Heinrich II., dem Grafen von Sayn, als Stützpunkt gegen die Grafen vom Berge und die Erzbischöfe von Köln errichtet wurde. Neben den Grundmauern ist heute allerdings von der einstigen Burg nicht mehr viel übrig geblieben. Vielmehr ist es der großartige Blick vom zweithöchsten Berg des Siebengebirges, der in den Sommermonaten Besucher in Scharen anlockt. Jetzt im Winter hat man die Aussicht auf das Rheintal in Richtung Bonn sowie nach Süden und die umliegenden Berge des Siebengebirges meist ganz für sich alleine. Obwohl das nicht ganz stimmt: Die trompetenden Kraniche am Himmel sind bestimmt genauso begeistert von der Aussicht.

Wer sich zu viel Zeit gelassen hat, braucht für den Rückweg eine Taschenlampe. Denn im Winter wird es ziemlich schnell stockdunkel, und der Rückweg ist noch rund drei Kilometer lang. Aber so eine Nachtwanderung mitten durch den Wald ist vielleicht auch einfach Teil des Abenteuers ...

FAZIT: BEWEGUNG AN DER FRISCHEN LUFT, VÖGEL BEOBACHTEN UND EIN SUNDOWNER MIT AUSSICHT MACHEN LUST AUF FRÜHLING!

2. KAPITEL AUSFLÜGE

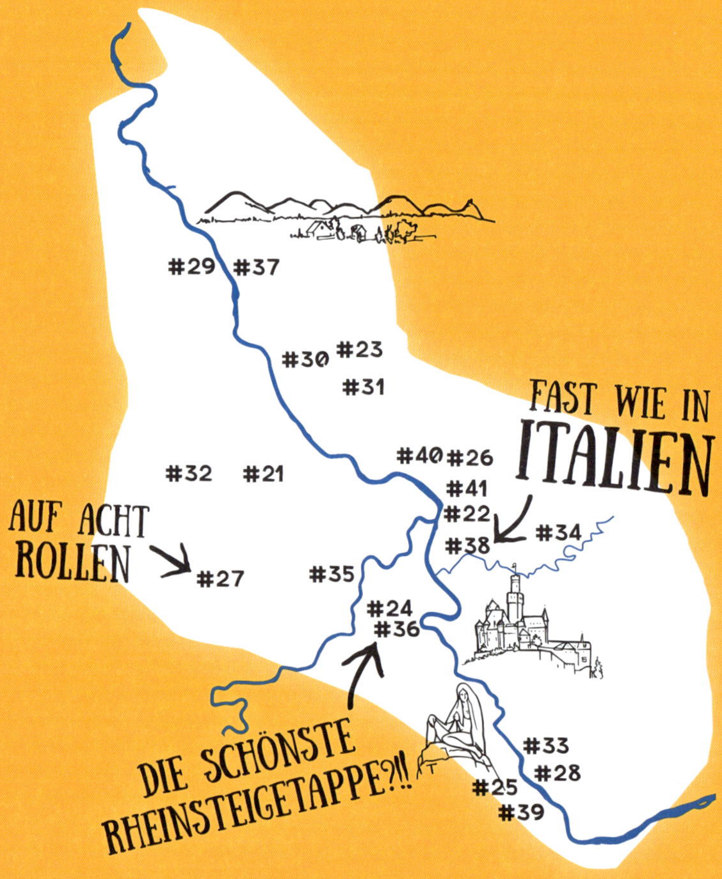

Raus für einen Tag

Ob direkt am Rhein, an den Nebenflüssen Lahn und Mosel oder tiefer hinein in den Hügeln von Eifel, Westerwald, Hunsrück oder Taunus – das Abenteuer wartet!

12H

DER BODEN IST LAVA

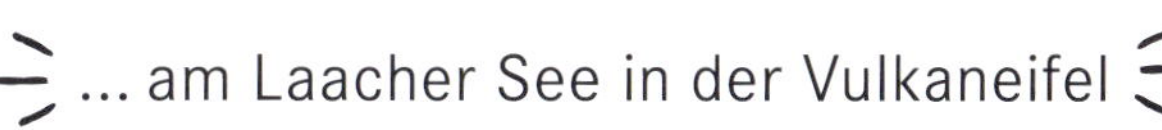

#21

Hier brodelt zum Glück nichts: Die letzten Vulkanausbrüche in der Region sind rund 13 000 Jahre her. Ob es noch einmal losgeht und wann, steht in den Sternen. Bis dahin kann man auf den Rundwegen auf und am bewaldeten Vulkankegel um den See wandern und nach Zeichen des aktiven Vulkanismus suchen.

#Vulkanwanderung #brodelndeErde #Kratersee

Die sechstürmige Basilika, das Laacher Münster, gilt in Deutschland als eines der schönsten Baudenkmäler der romanischen Salierzeit.

Der Kratersee, ein sogenannter Calderasee, ist der größte See in Rheinland-Pfalz und das größte Maar der Eifel. Obwohl der letzte Ausbruch des Laacher Vulkans etwa 10 930 vor Christus erfolgte, kann man heute noch Spuren der vulkanischen Tätigkeit in Form von vulkanischer Ausgasungen entdecken. Vor allem in kleinen Bläschen, den sogenannten Mofetten, die am Ostufer aus der Tiefe aufsteigen.

Mehrere Wanderwege führen um das Gewässer herum: darunter einer direkt am Wasser, der Uferweg, und einer höher durch den Wald, der Naturfreundeweg, der mit N ausgeschildert ist. Aber warum festlegen, wenn man doch beides haben kann – mal die Ausblicke auf den See genießen, mal direkt am Ufer entlangspazieren?

Kostenlos parken geht auf dem Wanderparkplatz gegenüber dem Restaurant Waldfrieden. Von dort nimmt man den Weg hinab Richtung See. Schon nach wenigen Hundert Metern wartet eine Aussichtsbank mit dem

Noch nicht genug Ausblicke erhascht? Dann nichts wie ab auf den Lydiaturm. Der bietet die beste Aussicht auf den See und die umliegende Vulkaneifel.

schönsten Ausblick auf den See. Im Frühling, wenn die Bäume noch wenig belaubt sind, ist er besonders schön. Ein Picknick hier zum Sonnenuntergang ist alleine schon eine ganze Eskapade wert. Diesmal muss eine kurze Trinkpause reichen. Noch ein Stückchen auf ebener Höhe, dann folgt der Abstieg zum See. Ab jetzt folgt man dem Uferweg und hält an jeder Bucht nach den berühmten Blubberbläschen Ausschau. Da sind sie! »Blub-blub, blub-blub.« Unermüdlich steigen sie aus dem Inneren der Erde im See auf.

Nach ein paar Kilometern am See und schließlich in einiger Entfernung vorbei an den Kuhweiden an der Westseite kommt das Kloster Maria Laach in Sicht. Die hochmittelalterliche Anlage wird von einer riesigen sechstürmigen Klosterkirche dominiert, dem Laacher Münster. Wer mag, wirft einen Blick hinein oder in die gut sortiere Gärtnerei nebenan.

Hin & weg: Mit dem Auto zum Wanderparkplatz Waldfrieden oder ab Bahnhof Andernach mit Bus 310 zur Haltestelle Waldfrieden / Laacher See, Nickenick.

Beste Zeit: Ganzjährig. Im Frühling gibt's besonders viele schöne Ausblicke, im Sommer kann man baden, und im Herbst ist die Laubfärbung wunderschön.

Dauer & Strecke: 2,5 Std. reine Gehzeit für 10 km; mit Einkehr oder Tretbootfahren mindestens 4 Std.

Ausrüstung: Fotoapparat, um die schönen Ausblicke einzufangen, und ggf. Kleingeld fürs Tretboot.

Dann geht es vorbei an einem Tretbootverleih sowie dem Campingplatz mit Badestrand. Hier ist an Wochenenden eigentlich immer etwas los. Wer Glück hat und eins der beliebten Boote ergattert, kann sogar direkt aus dem Boot ins kühle Nass springen.

Am Ende warten noch ein paar Höhenmeter, dann ist der Parkplatz erreicht. Wer jetzt noch ein bisschen Energie hat, kann vom Lydiaturm weit über den See und seine Umgebung gucken. Zum Abschluss lässt sich der Wandertag auf der Terrasse des Restaurants Waldfrieden herrlich ausklingen (www.vulkan-waldfrieden.de).

FAZIT: VULKANEXPEDITION À LA EIFEL AM GRÖßTEN MAAR DER EIFEL.

KLAMM-HEIMLICH AUF DEM RHEINSTEIG

#22

Auf rund 15 Kilometern führt der Rheinsteig vom Koblenzer Stadtteil Ehrenbreitstein nach Lahnstein. Am Ende wartet das Highlight der Etappe: eine Durchwanderung der beeindruckenden Ruppertsklamm.

#kleinaberoho #Klammwanderung #dasBestekommtzumSchluss

Schon von Weitem sichtbar: Das ehemalige Kloster Allerheiligenberg in exponierter Lage, hoch über Rhein und Lahn

Oftmals gilt in Zusammenhang mit der Bezeichnung Klamm in Deutschen Mittelgebirgen »mehr Schein als Sein«. Nicht so bei der Ruppertsklamm, einer rund 1,2 Kilometer langen Schlucht, in der sich der Michelsbach genannte rechte Zufluss der Lahn seinen Weg durch das Schiefergestein gebahnt hat. Immerhin einen Höheunterschied von 235 Metern überwindet er dabei.

Aber einfach wie die meisten Besucher die Klamm bloß auf dem beliebten knapp drei Kilometer langen Rundweg zu besuchen wäre viel zu langweilig. Wer gut zu Fuß ist, startet am Fuße der Festung Ehrenbreitstein in Koblenz und wandert auf der zehnten Rheinsteigetappe die 13 Kilometer bis zum oberen Einstieg in die Schlucht. Auch wenn sie das eindeutige Highlight der Etappe ist, ist die Klamm nicht das Einzige, das die Wanderung ausmacht. Auch der Start entlang des Rheinufers nach Pfaffendorf, die Durchwanderung des Bienhorntals auf dem danach benannten Pfad, die gesunden Mischwälder rechts und links des Weges sowie die weiten Blicke ins Lahntal und in den Hunsrück sind nicht zu verachten. Einkehrmöglichkeiten gibt es keine – aber das mitgebrachte Picknick im Moosbett

---

Hin & weg: Los geht's am Bahnhof Ehrenbreitstein; die Tour endet an der Bushaltestelle Hohenrhein, Lahnstein-Friedland oder am Bahnhof Niederlahnstein.

Beste Zeit: Ganzjährig.

Dauer & Strecke: 5 Std. für 15 km zu Fuß.

Ausrüstung: Wanderschuhe, Picknick und Abenteuergeist.

Am seichten Wasser der Lahn findet die Tour ihr Ende. Jetzt die müden Wanderfüße ins Wasser halten ist eine Wohltat.

auf einer kleinen Lichtung mitten im Wald ist mindestens genauso schön.

Danach wird es spannend: In Serpentinen geht es abwärts in Richtung Allerheiligenberg. Ein schmaler Pfad führt über einen Schieferbergrücken steil zu einer Wegespinne mit Pavillon bergab. Von dort aus ist es nicht mehr weit bis zur unbewirtschafteten Schutzhütte am oberen Ende der Ruppertsklamm. Dann geht das richtige Abenteuer los. »Klein, aber oho«: Das trifft in der Ruppertsklamm nicht nur für einige ihrer menschlichen Besucher zu. Mit jedem Meter, den man tiefer in die Klamm vordringt, steigt das Staunen, wie sich so ein kleiner Bach so tief in den Devonschiefer eingraben konnte. An den spannendsten Stellen geben Stahlseile psychologischen und physischen Halt. Und ehe man sich versieht, ist das Ende der Klamm gekommen und die Etappe vorbei.

Von hier geht's mit dem Bus ab Haltestelle Hohenrhein, Lahnstein-Friedland oder Zug ab Bahnhof Niederlahnstein zurück zum Ausgangspunkt. Eventuelle Wartezeiten kann man sich wunderbar mit einem kühlen Getränk im Biergarten Zum Schleusenhäuschen direkt am Lahnufer vertreiben (www.rheinsteig.de/a-gaststaette-zum-schleusenhaeuschen).

FAZIT: EINE DER SCHÖNSTEN RHEINSTEIG-ETAPPEN. UND BIS MAN AM SPÄTNACHMITTAG AN DER KLAMM ANKOMMT, IST DORT AUCH WENIGER LOS.

Neschermühle
Roßbach
Rahms

VULKAN-TOUR À LA WESTER-WALD

… auf dem Westerwälder Basaltbogen im Wiedtal

#23

Der Basaltkegel des Rossbacher Häubchens entstand vor 24 Millionen Jahren, als flüssige Magma zu einer 354 Meter hohen Bergkuppe erstarrte. Trotz Basaltabbau kann man heute noch rauf – über einen 200 Meter langen Kletterweg, der mit Seilen gesichert ist.

#Basaltsäulen #WesterwälderAllgäu #werbrauchtschonIsland

Dass es links vom Rhein in der Vulkaneifel mal feuerspeiende Berge gegeben hat, verrät schon der Name. Aber auch rechts des Rheins, im Westerwald, gibt's Vulkane, wie das Rossbacher Häubchen, das mit seinen Basaltsäulen ein wenig an die unwirkliche Landschaft Islands erinnert. Um eine Vulkanwanderung zu unternehmen, braucht man

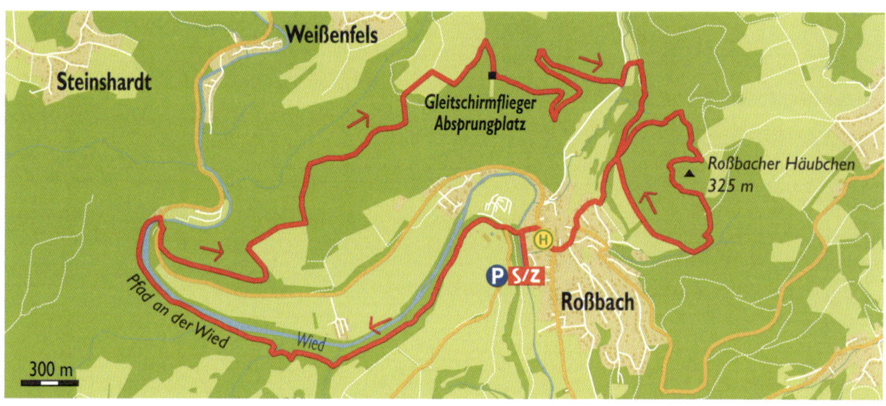

Die riesigen Basaltsteinfelder auf der Kuppe des Rossbacher Häubchens erinnern ein bisschen an die eindrucksvollen Basaltsäulen in Island.

also gar nicht in den Flieger zu steigen – es reicht eine kurze Wanderung auf dem Westerwälder Basaltbogen.

Los geht's im Ort Rossbach. Schon von Weitem kann man die felsige Kuppe des Vulkans in der sonst so idyllischen Landschaft des Wiedtals erahnen. Und schon geht es bergauf. Auch wenn der Abstecher hinauf zur Aussichtsplattform auf dem Häubchen nicht Teil des offiziellen Rundwanderwegs ist, lohnt er sich für alle trittsicheren Wanderer, die keine Angst vor ein paar Seilsicherungen haben. Denn die kurze Kraxelei ist eine willkommene Abwechslung und der Ausblick von oben wirklich beeindruckend. Mindestens ebenso beeindruckend wie die Basaltsäulen am Fuße der felsigen Kuppe, die auf dem Wanderweg umrundet wird.

Weiter geht's durchs Masbachtal und vorbei an einem Absprungplatz für Gleitschirmflieger über die weiten Wiesen und Wälder des Westerwalds. Ab jetzt dreht sich alles weniger um große Highlights als vielmehr um die kleinen Dinge am Wegesrand: die Rehfamilie, die den Wanderweg kreuzen und im Dickicht des Waldes verschwinden mag, die Blumen rechts und links des Weges, die saftig grünen Hügel und Felder, das erste zarte Grün an den Bäumen und – *last but not least* – das Plätschern der Wied auf dem Wiedweg, der den Wanderer stellenweise ganz nah am Ufer zurück zum Ausgangspunkt bringt. Natur pur – aber sind wir nicht genau darum hier? Und oft sind es ja genau diese kleinen Dinge, die eine schöne Wanderung zu einer ganz besonderen machen.

FAZIT: WESTERWÄLDER ALLGÄULANDSCHAFT TRIFFT AUF EIN BISSCHEN ISLAND-FEELING.

Hin & weg: Mit dem Auto zum Parkplatz Wiedhalle (Auf dem Posten, Roßbach) oder ab Bahnhof Neuwied mit Bus 131 zur Haltestelle Roßbach (Wied).

Beste Zeit: Ganzjährig.

Dauer & Strecke: 4–5 Std. für 12 km zu Fuß.

Ausrüstung: Wanderschuhe, Augen für die kleinen Dinge und Abenteuergeist (für den Gipfelsturm).

WIE WÄR'S MAL MIT TRAIN-SPOTTING?

#24

Über ein 50 Meter hohes und 150 Meter langes Viadukt schlängelt sich die Hunsrückbahn über die Hubertusschlucht bei Boppard. Auf der zehn Kilometer langen Traumschleife Elfenlay gibt es gleich mehrere Orte zum Trainspotting. Und noch so viel mehr.

#Hunsrückbahn #Viadukt #nichtnurfürZugfans

Wer die schönsten Ausblicke auf die nicht weniger beeindruckende Hunsrück-Version des Schweizer Landwasserviadukts genießen möchte, hat mehrere Möglichkeiten: Zum einen wäre da der 16 Kilometer lange Hunsrückbahnwanderweg, der vom Bahnhof Boppard nach Emmelshausen führt. Schöner und abwechslungsreicher hingegen, wenn auch an den entscheidenden und schönsten Stellen auf dem gleichen Weg verlaufend, ist die Traumschleife Elfenlay. Hier bieten sich neben zahlreichen Trainspotting-Möglichkeiten noch jede Menge Ausblicke auf die größte Rheinschleife.

Aber bloß vor lauter Aussichtgenießen das Wandern nicht vergessen! Denn für eine harmlose Halbtagestour mit gerade einmal zehn Kilometern hat es die Traumschleife in sich. Immerhin 400 Höhenmeter müssen überwunden werden, und die Pfade sind meist schmal und steil. Lieber also ein bisschen mehr Zeit und ein langsameres Tempo einplanen.

Wer erst gegen Mittag am kleinen Wanderparkplatz im Mühltal an der L 207 startet

Das pinke Traumschleifen-Logo weist dem Wanderer den Weg (links) – unter anderem ins idyllische Burdenbachtal, wo alles plätschert und fließt.

und mit dem Uhrzeigersinn wandert, hat an den Aussichtspunkten über der Hubertusschlucht das schönste Abendlicht. Aber zunächst geht es erstmal Richtung Rhein zu den Aussichtspunkten Kurt-Alich-Blick und Heinz-Bach-Eck. Dann immer tiefer hinein in das Burdenbachtal. Überall plätschert und gluckert es – eine wahre Freude nicht nur für durstige vierbeinige Mitwanderer. Mit der Liesenfeldhütte ist der erste Trainspotting-Ort erreicht. Für jeden Bahnfreund, der jetzt vergeblich versucht, im Funkloch mit dem Smartphone die Fahrpläne zu googeln, um die Ankunft der nächsten Bahn abzuschätzen, hängt an allen Aussichtspunkten ein aktueller Fahrplan. Da hat echt mal jemand mitgedacht! Hoffentlich hält sich die Bahn an den Fahrplan …

Ohne jetzt zum Spielverderber zu werden: Bei aller Sonnenuntergangs- und Bahnromantik sollte doch noch ein bisschen Tageslicht für den Abstieg ins Mühltal übrig bleiben – der Weg ist nämlich ziemlich steil und kann rutschig sein.

Hin & weg: Mit dem Auto zum Wanderparkplatz an der L 207 oder alternativ zum Bopparder Bahnhof.

Beste Zeit: Ganzjährig.

Dauer & Strecke: 4 Std. für 10 km zu Fuß, plus Zeit zum Beobachten.

Ausrüstung: Wanderschuhe, Kamera und vielleicht Feldstecher.

FAZIT: EINE DER SCHÖNSTEN TRAUMSCHLEIFEN IM NATURPARK SAAR-HUNSRÜCK – NICHT NUR FÜR BAHN-NERDS.

ZUM FRÜHLINGS-ERWACHEN

… auf den Oelsberg in Oberwesel

#25

Zwischen Oberwesel und Sankt Goar befindet sich einer der schönsten Abschnitte des Rheinburgenwegs. Und dank des milden Rheinklimas beginnt die Biergartensaison hier immer etwas früher als anderswo. Den schönsten Blick über den Rhein gibt's zum Essen gratis dazu!

#Rheinburgenweg #derFrühlingistda #Filmkulissegibtsdazu

Wer auf dem Rheinburgenweg zwischen Oberwesel und Sankt Goar wandert, hat die Qual der Wahl: gemütliche Streckenwanderung oder anstrengende(re) Rundtour auf der Traumschleife Mittelrhein.

Während im März anderenorts fast noch der Winter tobt, hält am Mittelrhein oft bereits der Frühling Einzug. Höchste Zeit, die Wandersaison einzuleiten! Los geht diese Eskapade in Oberwesel, einem der schönsten Orte am Mittelrhein, der wegen seiner Silhouette aus Schönburg, roter Liebfrauenkirche und den Türmen der Wehrmauer auch als »Stadt der Türme und des Weines« bezeichnet wird.

Vom historischen Ortskern ist man in Nullkommanichts mitten in den Weinbergen, wo schon die ersten Obstbäume zu blühen beginnen. Die Jacke ist beim Aufstieg schnell ausgezogen, und die Sonne heizt die Schieferfelsen der Weinberge gehörig auf. Im Sommer ist es hier manchmal unerträglich heiß. Jetzt im Frühling kann man jeden einzelnen Sonnenstrahl genießen. Schon nach einem Kilometer passiert man das Günderodehaus. Als ehemalige Filmkulisse der *Heimat*-Filme bietet sich von hier der schönste Blick über Oberwesel.

Jetzt schon im dazugehörigen Biergarten einkehren? Warum nicht, schließlich ist die Etappe mit gut neun Kilometern sehr kurz (www.guenderodehaus.de). Hier oben kann man übrigens nach telefonischer Anmeldung gegen eine geringe Gebühr oder Kauf eines Weinpakets sogar seinen Camper auf einem von drei Stellplätzen abstellen. Allein das wäre eine eigene Eskapade wert. Jetzt werden erst mal der köstliche Flammkuchen und ein Gläschen Weinschorle genossen. Wenn man nicht aufpasst, sind schnell ein paar Stunden

Schon gleich zu Beginn der Wanderung wartet oberhalb von Oberwesel die erste Versuchung: Das Günderodehaus lockt mit bester Aussicht zur Einkehr.

vergangen – und die Wanderung nach Sankt Goar hat ja gerade erst begonnen.

Über den Skulpturenpfad geht es in Richtung Aussichtspunkt Maria Ruh. Hier hat man den allerschönsten Blick auf die gegenüberliegende Loreley. Danach folgen weitere Ausblicke – einer schöner als der andere. Denn eins steht fest: Felsiger und spektakulärer als hier wird's im Mittelrheintal nicht.

Ab dem Wackenberg geht's dann bergab nach Sankt Goar. Wer jetzt noch nicht genug hat, folgt der Traumschleife Mittelrhein über den Spitzen Stein zurück nach Oberwesel. Dann verlängert sich die Neun-Kilometer-Genießertour auf ganze 15 Kilometer mit immerhin 400 Höhenmetern. Alle anderen nehmen in Sankt Goar den Zug zurück zum Ausgangspunkt.

FAZIT: EINE DER SCHÖNSTEN RHEINBURGENWEG-ETAPPEN – ALS STRECKENWANDERUNG ODER RUNDWEG AUF DER TRAUMSCHLEIFE MITTELRHEIN

Hin & weg: Mit Auto oder Zug zum Bahnhof Oberwesel.

Beste Zeit: Ganzjährig. Besonders schön im Frühling und Herbst.

Dauer & Strecke: 9 km (Streckenwanderung) oder 15 km (Traumschleife) – so oder so am besten einen ganzen Tag Zeit nehmen.

Ausrüstung: Wanderschuhe, Kleidung im Zwiebelprinzip und Sonnenbrille.

OH DU SCHÖNER WESTER-WALD!

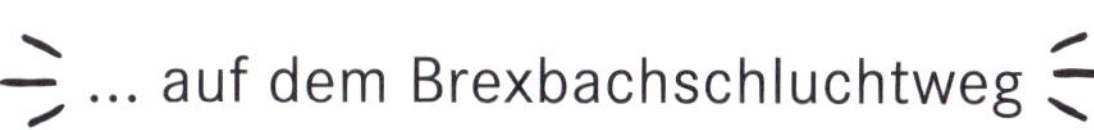

#26

Weite Wiesen, Felder und idyllische Täler: Diese Mischung macht den Westerwald aus – auch den Brexbachschluchtenweg, der das gleichnamige Tal bei Höhr-Grenzhausen im Niederwesterwald erkundet. Und mit der historischen Brexbachtalbahn kommen hier auch Bahnfreunde auf ihre Kosten.

#Brexbachtal #Trainspotting #WällerTour #BestofWesterwald

Los geht es am Bahnhof Grenzau, an dem nach Jahren der Stilllegung wieder Züge fahren. Wer Glück hat, sieht einen von ihnen, während er auf dem Kammerforster Steig durch den Wald wandert. Ein Stück durch das Masselbachtal, dann führt der Weg auch schon hinauf auf die weite Ebene aus Wiesen und Feldern bei Alsbach. Summende Bienen, zirpende Grillen und das sanfte Rascheln der sich im Wind wiegenden Getreide- und Grashalme bilden die auditive Untermalung. Die Versuchung, sich einfach mal für einen Mo-

Die Burg Grenzau, die Ruine einer Spornburg aus dem 13. Jahrhundert, besitzt als einzige Burg Deutschlands einen dreieckigen Bergfried.

ment ins Grüne zu legen und die Schäfchenwolken am Himmel zu zählen, ist einfach zu groß. »Eins, zwei, drei, vier…« Halt, für ein Nickerchen ist es noch zu früh, schließlich stehen noch einige Kilometer bevor.

Nach dem Ort Nauort folgt der spannendste Teil der Wanderung: der Abstieg zum Teufelsberg. Der Blick reicht hier weit über das Brexbachtal. Ein paar Serpentinen, und der Talboden ist erreicht und damit auch der Haltepunkt der Brexbachtalbahn. Mal direkt am Fluss, mal mit etwas Entfernung folgt der Weg dem Plätschern und auch der Bahnlinie durch das Tal, die hier zwei historische Viadukte passiert. Mal horchen, ob sich ein Zug ankündigt?

Wenn ein angenehm kühler Wind vom Bach herüberweht, das Blätterdach dicht ist und Schatten spendet, ist der Ort ideal für eine kleine Mittagsrast. Und wenn zumindest ein paar Sonnenstrahlen ihren Weg bis zum Waldboden schaffen, freuen sich die Farne.

Ach, hallo Bahnlinie, da bist du ja wieder! Gerade als man denkt, die Landschaft könnte einem keine neuen Anreize mehr bieten, folgt der Aufstieg zum markanten Kaiserstuhl mit seinen Felsformationen. Keine Sorge, oben angekommen, wird's entspannter. Auf einem breiteren Forstweg führt der Weg immer leicht bergab vorbei an der Burgruine Grenzau durch das kleine mittelalterliche Örtchen zurück zum Bahnhof. Hungrig? Der Landgasthof Zur Burg Grenzau serviert regionale (auch vegetarische und vegane) Speisen im Sommer direkt am Wasser.

FAZIT: WEITE FELDER UND EIN IDYLLISCHES BACHTAL MIT EINER HISTORISCHEN EISENBAHNLINIE – DAS BESTE VOM WESTERWALD IN EINER ESKAPADE.

Hin & weg: Mit dem Auto zum Wanderparkplatz Ortsmitte Grenzau oder ab Bahnhof Neuwied oder Hauptbahnhof Koblenz mit Bus 319 zur Haltestelle Bahnhof Grenzau/Kammerforst.

Beste Zeit: Ganzjährig. Besonders grün ist's im Mai.

Dauer & Strecke: 5 Std. für 16 km (mit Pausen einen ganzen Wandertag planen).

Ausrüstung: Wanderschuhe, und an sonnigen Tagen Sonnenschutz und genügend Wasser nicht vergessen!

ROCK 'N' ROLL

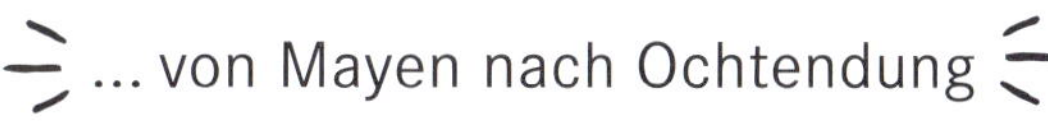

#27

Der Maifeld-Radweg verläuft ohne nennenswerte Höhenunterschiede auf einer stillgelegten Bahntrasse abseits von größeren Straßen mitten durch die Eifellandschaft. Der aalglatte Asphalt ist zum Radfahren fast zu schade, warum also nicht mal die Inlineskates schnüren?

#Maifeldroute #mehralszweiRäder #woeinstdieBahnrollte

Pause gefällig? Entlang des Weges gibt es überall Bänke mit Blick über die weiten Felder, die zur Rapsblüte in strahlendem Gelb leuchten.

Die ersten Schritte vom Bahnhof Mayen Ost in Richtung Polch sind vielleicht noch wackelig, schließlich haben die Inliner schon viel zu lang im Keller auf ihren nächsten Einsatz gewartet? Aber das macht auch nichts. Denn bis die erste Straße den breiten Radweg kreuzt, ist es noch eine Weile hin. Nur ein paar Fahrradfahrer wollen hier und da vorbeigelassen werden, dann hat man den glatten Asphalt wieder ganz für sich alleine – und damit Platz und Ruhe, um das Bremsen und Kurvenfahren zu üben, denn Sicherheit ist schließlich das A und O.

Und ehe man sich versieht, rauschen die goldgelben Rapsfelder und die hügelige Eifellandschaft immer schneller an einem vorbei. Mit dem Inlinerfahren ist eben doch so wie mit dem Radfahren: Egal wie lange man es nicht gemacht hat, einmal gelernt, verlernt man es nie. Unterwegs bieten jede Menge Aussichtspunkte und Bänke die Möglichkeit einer Rast – und damit weitere passende Gelegenheiten, um seine Bremsfähigkeiten zu trainieren. Die weiten Blicke sind auch einfach zu schön, um nur achtlos an ihnen vorbeizufahren. Und Füßehochlegen ist doch zwischendurch auch mal gut!

Am Wegesrand: Original Transportloren aus dem Moselschiefer-Bergwerk Katzenberg/Mayen.

Über dem Nettetal wird ein etwa vierzig Meter hohes Natursteinviadukt befahren, und kurze Zeit später sorgen zwei Tunnel für Abwechslung. Dann ist auch schon die Weggabelung in Polch erreicht. Schließlich geht es weiter nach Ochtendung (oder alternativ Münstermaifeld – auch dahin sind es zehn Kilometer).

Am Ziel angekommen, geht es mit dem Bus zurück zum Ausgangspunkt. Oder wer sich noch fit genug fühlt, fährt einfach auf dem gleichen Weg wieder zurück. Schließlich macht es doch gerade viel zu viel Spaß, um jetzt schon aufzuhören, nicht wahr? Auf dem Rückweg an der Abzweigung in Polch ganz besonders gut aufpassen, sonst landet man nachher in Münstermaifeld statt am Ausgangspunkt!

FAZIT: GLATTER ASPHALT, KAUM STEIGUNG UND EINE ROUTE MITTEN DURCH DIE WUNDERSCHÖNE EIFELLANDSCHAFT – EINE BESSERE INLINER-STRECKE GIBT ES WEIT UND BREIT NICHT!

Hin & weg: Mit Auto oder Regionalbahn zum Bahnhof Mayen Ost; Ziel der Tour ist die Bushaltestelle Plaidter Straße, Ochtendung – von dort fährt Bus 335 zurück zum Ausgangspunkt, allerdings nur alle 2 Std.!

Beste Zeit: Zur Rapsblüte im Frühling.

Dauer & Strecke: 18 km (nur hin) oder 36 km (hin und zurück) – mit Pausen ein halber Tag.

Ausrüstung: Inlineskates, für die Busfahrt normale Schuhe im Rucksack.

IM GINSTER-GLÜCK

… auf dem Wisper Trail Rhein-Wisper-Glück

#28

Lorchhausen, einer von wenigen hessischen Orten am Mittelrhein, ist das Tor zum Rheingau. Landschaftlich gibt es hier Mittelrhein satt, mit Felsen, Burgen und Ausblicken am laufendem Band. Mindestens genauso spannend wie die Landschaft ist auch der Trail Rhein-Wisper-Glück, der direkt im Ortskern startet.

#Premiumwanderweg #Glückfinden #eslebederRheingau

Glück sucht man nicht, man findet es. Und auf diesem Weg gilt das gleich in mehreren Hinsichten. Ob beim Anblick der zahlreichen Rheinpanoramen entlang des Weges – zum Beispiel vom Rhein-Wisper-Blick oder dem Engweger Kopf –, bei dem Gläschen Rheingau-Riesling nach der Tour, bei dem guten Gefühl, etwas für sich und seinen Körper getan zu haben, oder wenn im Frühjahr überall der Ginster in leuchtendem Gelb blüht und Augen und Herz erfreut. Die Liste mit Glücksmomenten könnte man noch ewig fortsetzten. Am besten sucht jeder auf den zehn Kilometern und 336 Höhenmetern seinen eigenen. Fest steht: Mehr Erlebniswert bietet kaum eine andere Wanderung. Das findet übrigens

Hin & weg: Mit Auto oder Regionalbahn zum Bahnhof Lorchhausen.

Beste Zeit: Ganzjährig. Besonders schön zur Ginsterblüte im Mai/Juni oder zur Weinlese im Herbst.

Dauer & Strecke: 10 km, mit Pausen 4 Std.

Ausrüstung: Neben Wanderschuhen am besten Kamera zum Festhalten der vielen Glücksmomente.

Oberhalb des Rheinsteigs liegt das Naturschutzgebiet Engweger Kopf und Scheibigkopf bei Lorch. Viele der hier vorkommenden Pflanzen- und Tierarten sind vom Aussterben bedroht.

auch das deutsche Wanderinstitut und zertifiziert ihn mit ganzen 94 von 100 möglichen Erlebnispunkten.

Los geht es - am besten nach einer Anreise mit dem Zug - am Bahnhof Lorchhausen. Wer den Kreuzweg hinauf zur Clemenskapelle geschafft hat, bekommt einen ersten Vorgeschmack auf die versprochenen Rheinpanoramen - hier wartet nämlich schon das erste.

Durch die Weinberge und später im Zickzackkurs durch die Ginsterbüsche geht es zum Pavillon Rhein-Wisper-Blick. Noch ein vorerst letztes Mal Aussicht genießen und sich fragen, welche nun bisher die schönste war, vielleicht auch noch das eine oder andere Foto dieser atemberaubenden Landschaft, dann führt der Weg durch den Peterwald hinab ins Retzbachtal.

Entlang alter Weinbergsmauern geht es nun auf das Hochplateau auf dem Engweger Kopf. Seit 1995 steht das Gebiet unter Naturschutz. Die weiten Wiesen und Grasflächen sind eine willkommene landschaftliche Abwechslung, ebenso wie die wunderschöne Eichenwaldallee, die den Wanderer zum Alfred-Lehnhardt-Blick begleitet. Von hier geht's gemütlich auf halber Höhe durch die Weinblicke zurück zum Ausgangspunkt. Halt, stopp! Den Ausblick vom Rosenpavillon rüber zur Clemenskapelle sollte man nicht verpassen - vielleicht hat sich da ja das Glück versteckt?!

FAZIT: RHEINPANORAMEN, SCHMALE PFADE, WEINBERGE UND WECHSELNDE LANDSCHAFTEN – MEHR ERLEBNISWERT BIETET KAUM EINE WANDERUNG.

RAD, LAND, FLUSS

#29

Zwischen der letzten Erhebung des Siebengebirges, der Dollendorfer Hard im Süden und der Kölner Bucht im Norden: Wer von Bonn schnell mal raus in die Natur will, wandert im Ennert. Von dort mit dem Leihrad durch die Rheinaue und mit der Fähre zurück zum Ausgangspunkt – dann ist der »Triathlon« perfekt.

#nurWandernistzuwenig #Weinberge #Dornheckensee

Der rund zwei Kilometer lange Weinwanderweg Oberdollendorf führt durch die acht Hektar große Rebenfläche mit den Lagen Laurentiusberg, Rosenhügel und Sülzenberg.

Warum *nur* wandern, *nur* Rad fahren oder *nur* Schiff fahren, wenn man doch alles auf einmal machen kann? Wie auf dieser Tour, die am Parkplatz am Rheinufer in Königswinter Niederdollendorf startet. Von hier geht es erst einmal zu Fuß los – durch den niedlichen Ort mit seinen Fachwerkhäuschen, dann durch die Weinberge. Die ersten Genießer sitzen vielleicht bereits im Gut Sülz Weingarten (www.gut-suelz.de). Wem jetzt schon nach einem Gläschen Weinschorle ist, der gesellt sich dazu. Ansonsten geht es rauf auf den Weinberg Oberdollendorf mit seiner großartigen Sicht über Bonn und das Siebengebirge.

Auch der folgende Teil der Tour über den Ennert-Höhenzug ist von zahlreichen schönen Aussichten geprägt. Die schönste bietet aber ohne Frage der Skywalk auf der Rabenlay. Teils führt der Weg über den Rheinhöhenweg,

Niederdollendorf mit seinen hübschen Fachwerkhäusern liegt am Übergangsbereich vom Mittel- in den Niederrhein am nordwestlichen Fuß des Siebengebirges.

teils über den Rheinsteig, teils über beide gleichzeitig.

Wenn man schon glaubt, die Stadt Bonn ist jetzt zu nah für ein weiteres Naturhighlight, steht man plötzlich vor der riesigen Felsenmauer des Dornheckensees. Wobei der Name nicht auf den Bewuchs, sondern auf die Felsformation zurückgeht. Der leuchtend blaue See ist das Ergebnis des langjährigen Basaltabbaus, dessen Senken sich nach der Stilllegung mit der Zeit mit Regenwasser gefüllt haben. Heute ist das Biotop nicht nur Lebensraum für Wasservögel sowie seltene Reptilien und Amphibien. Auch die Süßwasserqualle, die bis zu zweieinhalb Zentimeter groß wird, fühlt sich hier neben drei seltenen Muschelarten (der Dreikantmuschel, der Wandermuschel und der Schlammmuschel) pudelwohl. Schwimmen ist aber nicht nur aus Naturschutzgründen verboten: Der See ist immerhin zwanzig Meter tief und es gibt starke Unterwasserströmungen. Außerdem kommt es regelmäßig zu Felsabstürzen. Es gilt also: Nur gucken, nicht baden.

Jetzt aber schnell die Autobahn überqueren und vor dem Straßenlärm in die Rheinaue flüchten. Wer mag, schnappt sich ein Leihfahrrad und legt den Weg durch die Rheinauen bis zur Rheinfähre auf zwei Rädern zurück.

Für gut einen Euro gibt's dann am Ende noch ein bisschen maritimes Flair auf der Fähre von Bad Godesberg zurück nach Niederdollendorf. Noch ein Tipp: Wer erst nach der Tour im Weingarten einkehren möchte, dreht die Tour ganz einfach um!

FAZIT: SCHNELL MAL NATUR TANKEN NAHE BONN ZU LAND, ZU RAD UND ZU WASSER.

Hin & weg: Mit dem Auto zum Parkplatz Niederdollendorfer Rheinufer oder ab Bahnhof Königswinter mit Bus 541 zur Haltestelle Königswinter Niederdollendorf Fähre.

Beste Zeit: Ganzjährig.

Dauer & Strecke: 15 km, 4–5 Std. mit Pausen.

Ausrüstung: Bequeme Schuhe, Leihfahrrad von Nextbike (www.nextbike.de), etwas Geld für die Fähre.

Hochbank

DIE PURE LANDIDYLLE

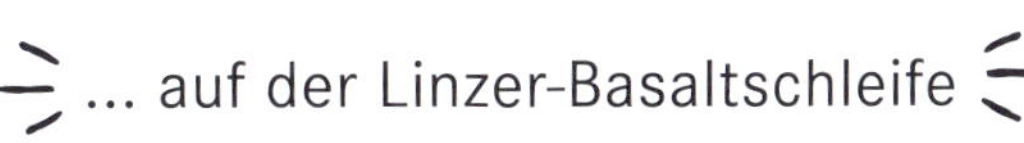

#30

Die »bunte Stadt« Linz kann auch anders. Historische Fachwerkhäuser samt Touristenrummel und einsame Landidylle liegen nämlich nur wenige Hundert Meter auseinander. Der Rundwanderweg Linzer Basaltschleife verbindet beide Welten.

#Bauernhofidylle #Waldschluchten #Rheinsteig #aufEinkaufstour

Auch wenn die Wanderung keine zwölf Kilometer lang ist, empfiehlt sich ein großer Rucksack. Denn auf dem waschechten Bauernhof Hof Ronig kann man nicht nur Landidylle pur erleben, sondern auch einkaufen – und zwar regionale Köstlichkeiten aus eigener Herstellung (www.hof-ronig.de). Los geht es aber erst einmal auf dem Kaiserberg, wo sich ein spektakulärer Ausblick über den Rhein und das gegenüberliegende Ahrtal bietet. Wer sich losreißen kann, taucht in die Waldschluchten des Westerwalds ab, die einen erst auf der Hochebene des Roniger Hofes wieder ausspucken.

Hier erinnern grasende Kühe, Schafe, Hühner und Pferde noch an das Bauernhofleben vergangener Tage. Massentierhaltung: Fehlanzeige! Und das ist auch gut so. Im kleinen Hofladen kann man sich mit Eiern, Fleisch, Milch, Obst, Gemüse, Kartoffeln, Kräutern und Honig aus eigener Produktion eindecken. Oder auch verschiedene Marmeladen, Brotmischungen, Liköre, Weine, Senf und weitere Leckereien von Nachbarhöfen erwerben. Wer jetzt zu viele Dinge im Einkaufskorb hat, die nicht in den

Ein Abstecher zum Roniger Hof mit seinen Kühen, Schafen, Hühnern und Pferden ist besonders für Familien mit Kindern eine praktische Wandermotivation.

Rucksack passen, kommt am besten nach der Wanderung mit dem Auto wieder. Denn der Weg bis zum Ausgangspunkt ist noch recht weit.

Weiter geht's entlang des Döttersbachs und später des Leubsdorfer Baches. Kurz vor Dattenberg ist der Weg besonders schön schmal und verwunschen, und im Frühling lassen sich nicht nur die ersten Maiglöckchen, sondern auch die eine oder andere heimische Orchideenart entdecken. In Dattenberg trifft man dann auch wieder auf einen guten alten Bekannten, den Rheinsteig. Wer schwere Beine hat, folgt ihm zurück auf den Kaiserberg (Abkürzung!). Alle anderen bleiben auf der Originalroute mit einem Abstecher durch die Altstadt von Linz, und erreicht über Treppenstufen vorbei an der Pfarrkirche St. Martin wieder den Ausgangspunkt.

FAZIT: LINZER LANDIDYLLE VOM FEINSTEN AUF EINER ZWÖLF KILOMETER LANGEN RHEINSTEIGSCHLEIFE.

Hin & weg: Mit dem Regionalexpress zum Bahnhof Linz oder mit dem Auto zum Parkplatz Am Kaiserberg.

Beste Zeit: Ganzjährig. Auch im Sommer durch die vielen Waldabschnitte erträglich.

Dauer & Strecke: 11,5 km. Mit Pausen und Einkauf im Hofladen sollte man einen halben Tag rechnen.

Ausrüstung: Großer Rucksack für die Einkäufe.

GIPFELGLÜCK MAL 2

… auf der Wäller Tour Bärenkopp im Wiedtal

Mit waschechten Gipfeln – mit Gipfelkreuz und allem Pipapo – sind unsere Mittelgebirge ja eher spärlich besäht. Aber es gibt sie. Diese Wanderung verbindet gleich zwei von ihnen und führt noch dazu durch eine Landschaft, die Einheimische liebevoll »ihr kleines Allgäu« nennen.

#kleinesAllgäu #Gipfelstürmer #mitallemPipapo #zurWeihnachtszeitwiederkommen

Von der Wiedbrücke aus hat man einen wundervollen Blick auf den Verlauf des Flusses.

Start und Ausgangspunkt der Tour ist Waldbreitbach im Wiedtal, das viele vor allem wegen seines Krippenwegs kennen und das deshalb besonders zur Weihnachtszeit einen Besuch wert ist. Mitten im Ort gibt es gleich mehrere Parkplätze. Ist das Auto erst einmal abgestellt, hält man sich in Richtung Wied und erreicht über einen kurzen Zuweg das internationale Krippen- und Bibelmuseum am westlichen Ortsrand. Dann geht es auch schon auf schmalen Pfaden hinein in den schattigen Wald. Hinter dem Campingplatz überquert der

Bewaldete Hügel, saftige Wiesen, hier und dort grasende Kühe und mittendurch schlängelt sich ein idyllischer Fluss – die Parallelen zum Allgäu sind nicht zu übersehen.

Weg die Wied – sie ist mit ihrem natürlichen Flussverlauf zweifellos einer der schönsten Nebenflüsse des Rheins. Hat man Wied und Landstraße überquert, schlängelt sich der Weg im Zickzack bergauf. Hier darf man auf keinen Fall den Abzweig nach rechts zum Weißen Kreuz verpassen, denn sonst entgeht einem ein exponierter, felsiger, wenn auch nicht sonderlich hoher Gipfel mit herrlichem Blick ins Wiedtal.

Hin & weg: Mit dem Auto zum kostenlosen Parkplatz Marktstraße in Waldbreitbach oder ab Bahnhof Neuwied mit Bus 131 zur Haltestelle Waldbreitbach Mitte.

Beste Zeit: Ganzjährig. Besonders grün von Mai bis September.

Dauer & Strecke: 12 km. Mit Pausen gut einen halben Tag rechnen.

Ausrüstung: Wanderschuhe, Picknick und Gipfelkreuzliebe.

Nach kurzer Rast geht es auf dem gleichen Weg zurück, bis der Hauptweg wieder erreicht ist.

Dieser führt zunächst hinab zur tiefen Mulde des Hochscheider Baches, um danach stetig und relativ steil anzusteigen, bis er das namensgebende Highlight der Tour, den Bärenkopp, samt Gipfelkreuz und Rastbank erreicht. Wer Glück hat, ergattert eins der begehrten Plätzchen auf der Bank.

Ist es eher kühl, verschiebt man die Pause vielleicht besser auf später und folgt dem Weg weiter zum Ortsrand von Verscheid, an dem man aus dem dichten Wald heraustritt und im Folgenden weiter über aussichtsreiche Hochflächen zwischen Wied- und Fockenbachtal wandert. Hier eine Pferdekoppel, da ein Traktor und dazwischen Kuhweiden – das ist Landidylle pur!

Schließlich tauchen die neogotischen Türme des Klosters St. Marienhaus aus der Wiesenlandschaft auf, das im Jahr 1886 vom Orden der Franziskanerinnen erbaut wurde. Schon gepicknickt? Wenn nicht, wird es spätestens jetzt Zeit dafür, bevor der Weg durch den Wald hinab nach Waldbreitbach und damit zurück zum Ausgangspunkt führt.

FAZIT: ZWEI GIPFELKREUZE, LANDIDYLLE UND FLUSSTALROMANTIK – DAS KLEINE ALLGÄU IM WESTERWALD LÄSST GRÜßEN.

11

RIDE & BIKE

Schon seit über 120 Jahren tuckert eine Schmalspurbahn durchs Brohltal. Wenn an ausgewählten Tagen eine Dampflok vor die historischen Wagen gespannt wird, ist das alleine schon eine Eskapade wert. Wer sein Fahrrad mitnimmt, kann im Anschluss ohne große Anstiege zurück zum Ausgangspunkt rollen.

#Schmalspurbahn #Panoramatour #tschoootschooooo

Tschooo, tschooooooo! Unter Tuten und Zischen setzt sich die schwerfällige Bahn langsam in Bewegung. Viel schneller als Schrittgeschwindigkeit wird sie nicht, wenn sie die 18 Kilometer und fast 400 Höhenmeter des Brohltals von Brohl-Lützing zum Endbahnhof Engeln überwindet. Ein wenig Geduld sollte man für die Fahrt mit der Dampflok also schon mitbringen. Aber hey, der Weg ist das Ziel, oder?

Ganze zweieinhalb Stunden braucht die Bahn, wobei sie auf dem letzten, steilen Stück heut-

Eine Fahrt mit dem historischen Vulkan-Express fühlt sich an wie eine kleine Zeitreise.

zutage von einer Diesellock abgelöst wird. Der Bau einer Schmalspurbahn hatte damals, in den Jahren 1898 bis 1901, vor allem praktische Gründe: Mit der Spurweite von einem Meter ließen sich deutlich engere Kurvenradien realisieren als mit der Normalspur (1,435 Meter) – im engen und kurvenreichen Brohltal ein riesiger Vorteil. Jetzt sind es diese Kurven, die eine Fahrt mit dem Vulkan-Express zu einem großen Abenteuer machen. Wichtig: Seinen Kopf sollte nicht zu weit hinausstrecken, wer nicht gerade von herausragenden Ästen erschlagen werden möchte.

An der Zielstation Engeln angekommen, werden erst mal die Fahrräder aus dem Transportwagen herausgehoben. Vor dem bevorstehenden Anstieg kann man sich in der Vulkan Stube Bahnhof Engeln mit einer Portion Pommes & Co. stärken (www.engeln-gastro.de) – unterwegs gibt's ansonsten für lange Zeit keine Einkehrmöglichkeit mehr. Der Anstieg ist glücklicherweise kurz, und schnell macht die Panoramatour ihrem Namen alle Ehre.

Im Gegensatz zum deutlich weniger aussichtreichen und mehr befahrenen Brohltal-Radweg ist diese Tour nicht ausgeschildert, daher sollte man sich die Route aufs Handy oder Navi laden. Dafür wird man mit Aussichten und einsamen Wald- und Feldpfaden belohnt. Höhepunkte unterwegs sind die Wacholderheide und der Aussichtsturm am Weiselstein und das Rodder Maar, die man beide am besten zu Fuß erkundet. Kurz vor Ende der Tour versteckt sich in Niederlützingen mit Ellens Biergarten eine urige Einkehrmöglichkeit mit (sonntags) hausgemachten Kuchen. Wie gut, dass es sich im Anschluss nur noch entspannt bergab durch das Lammertal zurück zum Ausgangspunkt rollt.

FAZIT: MIT DER SCHMALSPURBAHN DURCH DAS ENGE BROHLTAL FAHREN UND MIT DEM FAHRRAD FAST NUR BERGAB ZURÜCK – EIN ABENTEUER NICHT NUR FÜR BAHN- UND TECHNIKFANS.

Hin & weg: Bahnhof Vulkan-Express Brohl-Lützing.

Beste Zeit: Der Vulkan-Express fährt ganzjährig (mit Dampflock allerdings nur an einem Wochenende pro Monat; Fahrplan und Infos: vulkan-express.de). Für die Radtour am besten April–Oktober.

Dauer & Strecke: 18 km Bahnfahrt, 28 km Radtour, ein ganzer Tag.

Ausrüstung: Trekking- oder Mountainbike, Spaß am (langen) Zufahren, Handy oder Navi.

DIE SCHÖNSTE IM GANZEN LAND

... zwischen Kaub und Sankt Goarshausen

Spieglein, Spieglein an der Wand, welche ist die schönste Rheinsteig-Etappe im ganzen Land? Die von Kaub über die sagenumwobene Loreley nach Sankt Goarshausen. Aber ...? Nichts »aber«! Vor allem, wenn man sie mit einer Schifffahrt zum Startpunkt verbindet.

#Königsetappe #Loreley #KölnDüsseldorfer #Boat&Hike

→ AUSFLÜGE …

Die Burg Maus thront über dem Rhein oberhalb von Sankt Goarshausen

Die Etappe von Sankt Goarshausen nach Kaub gilt nicht ohne Grund als die Königsetappe des Rheinsteigs. Und zwar nicht nur deshalb, weil sie mit gut 20 Kilometern und 800 Höhenmetern auch eine der anspruchsvollsten ist. Auf diesem Teilstück zeigt sich das Mittelrheintal in all seiner Pracht, mit steilen Felsklippen, Weinbergen, Burgen und der weltberühmten Loreley. Wobei diese selbst so sehr touristisch ausgeschlachtet ist, dass man lieber schnell weiterwandert. Nur wenige Hundert Meter später (oder früher) ist es tausendmal schöner.

Als wäre das noch nicht genug »Material« für eine perfekte Eskapade, heißt es erst einmal »Schiff ahoi«. Denn was wäre wohl schöner, als den Wandertag getreu dem Motto »Erst das Vergnügen, dann die Arbeit!« mit einer Schifffahrt zum Startpunkt zu beginnen? Wobei die »Arbeit« in diesem Fall vergnüglicher nicht sein könnte. Die Fahrt von Sankt Goarshausen flussaufwärts nach Kaub dauert knapp eine Stunde. Währenddessen kann man sich die eindrucksvolle Felslandschaft vom Wasser aus ansehen. Da geht's gleich hoch? Puh!

Nach der Schifffahrt geht es gleich hoch hinaus – über schmale (Treppen-)Pfade vorbei am Leitenberger Turm in die Weinberge oberhalb von Kaub.

In Kaub führt der Weg dann direkt hinauf in die Weinberge. Dieser erste (und längste) Anstieg wird direkt von vielen Ausblicken versüßt. Weit kann man hier über der Burg Pfalzgrafenstein auf einer kleinen Insel mitten im Rhein den Blick hinauf ins Rheintal schweifen lassen.

Bei einer Gesamtlänge von über 20 Kilometern ist man froh, dass sich schmale, alpine Pfade mit gemütlichen Wanderwegen abwechseln. Genauso wie das Auf und Ab – wie man es eben vom Rheinsteig kennt. Und schon wenn man glaubt, der Rhein taucht nach einigen Kilometern überhaupt nicht mehr auf, liegt einem plötzlich Oberwesel auf der anderen Rheinseite zu Füßen. Die schattigen Flusstäler des Urbachs und Bornichbachs sind eine erfrischende Abwechslung an heißen Tagen. Allerdings gehen sie auch mit ein paar Höhenmetern einher.

Danach wird es gemütlicher. Rund um die Loreley gibt es alle paar Meter einen Aussichtspunkt – einer spektakulärer als der andere. Vielleicht der schönste: der Spitznack (190 Meter hoch) bei Leiselfeld. Ganz in der Nähe lockt die Rheinsteig-Rast mit Brotzeit, hausgemachten Kuchen und kühlen Getränken im schattigen Garten (www.rheinsteig-rast.de). Von hier sind es nur noch 30 Minuten bis zur Loreley, wenn man nicht gerade an jedem Aussichtsfelsen hält. Und wenn doch – auch nicht schlimm. Die letzten vier Kilometer bis nach Sankt Goarshausen laufen sich dann fast von selbst. Bis kurz vor dem Ort sind die Ausblicke beim Abstieg grandios. Ebenso grandios wie diese gesamte Eskapade.

FAZIT: DIE KÖNIGSETAPPE DES RHEINSTEIGS GEPAART MIT EINER SCHIFFSFAHRT DURCHS MITTELRHEINTAL – EINE ABSOLUTE KÖNIGSESKAPADE!

Hin & weg: Mit dem Auto zum Parkplatz am Fähranleger der Köln-Düsseldorfer (Am Hafen, Sankt Goar) oder mit der Regionalbahn zum Bahnhof Sankt Goarshausen.

Beste Zeit: April–Oktober.

Dauer & Strecke: Ein ganzer Tag für Schifffahrt und 20 km Wanderung.

Ausrüstung: Bequeme Schuhe, Trittsicherheit und ein bisschen Kondition.

HÖHEN UND TIEFEN

… auf dem Loreley-Aar-Radweg

#34

Zugegeben: So flach wie am Rheinufer geht es auf dem Rhein-Aar-Radweg nicht zu. Auf 44 Kilometern bahnt er sich mal bergauf, mal bergab seinen Weg über die nordwestlichen Taunusausläufer von der Aar zum Rhein. Die Belohnung: viele Ausblicke, eine abwechslungsreiche Landschaft und einsame Radwege.

#auf&ab #mittenimTaunus #einsameralsamRhein #liebernichtmitRennrad

Der Loreley-Aar-Radweg ist gut ausgeschildert - Verfahren ist praktisch unmöglich.

Wie rum man die Strecke fährt, ist eigentlich egal: Die gut 700 Höhenmeter sind in jedem Fall zu bewältigen, wenn man die gesamte Strecke zwischen Hahnstätten und Sankt Goarshausen zurücklegt. Wer jedoch erst zehn Kilometer später in Katzenelnbogen startet, spart sich rund 300 Höhenmeter – und die umständliche Anreise zum Startpunkt: Nach Katzenelnbogen fährt stündlich der Bus 580 vom Bahnhof Sankt Goarshausen in einer knappen Stunde, und wer die ganze Route fahren möchte, muss dort nochmal umsteigen, in die Buslinie 586.

Von Hahnstätten geht es zunächst vorbei an der Burg Hohlenfels knackig bergauf, später dann durch das Hohlenfelsbachtal hinab nach Katzenelnbogen. Ab dort geht es überwiegend eben vorbei an Oberfischbach und Mittelfischbach nach Rettert – alle diese Dörfer liegen übrigens auch an der Buslinie und können somit alternative Startpunkte der Radtour sein.

Das idyllische Hasenbachtal durchquert der Weg bergab auf einem geschotterten Weg, womit auch die eventuelle Frage nach der Rennradtauglichkeit der Tour beantwortet wäre. An der Plätzer Mühle verlässt man das idyllische Flusstal und es geht mal wieder rauf

Miehlen liegt im westlichen Hintertaunus. Mitten durch den Ort fließt der Mühlbach.

auf die Taunushügel nach Obertiefenbach. Der Radweg umfährt den Ort Nastätten weiträumig und passiert stattdessen den kleinen Taunusort Miehlen mit Fachwerkhäusern und einem kleinen Bächlein im Kern sowie dem Geburtshaus des berühmt-berüchtigten Räuberhauptmanns Schinderhannes. Wer keinen Proviant dabeihat, deckt sich in Schiecks Backschmiede in der Haargasse 13 ein.

Nun folgt ein letzter Anstieg nach Bogel, dann ist das Schlimmste (?!) geschafft. Ab hier heißt es nun nur noch rollen lassen – und zwar auf der einstigen Trasse der Nassauischen Kleinbahn auf einem wunderbar asphaltierten Radweg mitten durch den Wald. Ein Abstecher zum Rheinufer in Sankt Goarshausen muss natürlich sein. Noch ein wenig die Sonne genießen und die Schiffe beobachten: Das hat man sich nach all dem Strampeln redlich verdient.

FAZIT: IN STETEM AUF UND AB DURCH DEN TAUNUS – EINE HÜGELIGE UND EINSAME ALTERNATIVE ZUM RHEINRADWEG.

Hin & weg: Ab Bahnhof Sankt Goarshausen mit Bus 580 bis Katzenelnbogen und von dort mit Bus 586 weiter nach Hahnstätten.

Beste Zeit: April–Oktober.

Dauer & Strecke: Ab Hahnstätten 44 km, ab Katzenelnbogen 34 km – reine Fahrzeit 4,5 bzw. 3,5 Std. Mit Pausen ein ganzer Tag.

Ausrüstung: Trekking- oder Gravelbike – bzw. je nach Kondition sogar E-Bike.

WÜRZIG WANDERN

... auf dem Würzlaysteig von Lehmen nach Löf

#35

Selbst an Feiertagen und Wochenenden lohnt sich der Abstecher an die Mosel – denn der fast schon vergessene Würzlaysteig ist selbst dann nicht überlaufen. Er führt zwischen Weinreben und durch plätschernde Täler von Lehmen nach Löf (oder andersherum).

Auch rund um den Ausoniusstein warten immer wieder schöne Aussichten und idyllische Rastplätze.

Moselsteig, Traumpfade, Seitensprünge – wunderschöne Premiumwanderwege an der Mosel gibt es viele, und dementsprechend voll kann es an den Wochenenden sein. Aber wem kann man das verübeln, fühlt sich doch so ein Ausflug an die Mosel immer ein bisschen an wie ein mediterraner Kurzurlaub, für den man durchaus auch mal das Mittelrheintal hinter sich lassen kann. Aber es gibt dazwischen noch echte Geheimtipps, die in Sachen Ausblicken, Abwechslung und Pfadanteil durchaus mit den Klassikern mithalten können: Der Würzlaysteig ist einer davon. Und von Koblenz aus ist der Startpunkt gerade einmal 20 Minuten mit dem Zug oder Auto entfernt.

Selbst am Wochenende begegnen Ruhesuchende auf dieser spannenden und abwechslungsreichen Streckenwanderung so gut wie keiner Menschenseele. Sie führt in knapp zwölf Kilometern von Lehmen nach Löf. Zurück zum Ausgangspunkt geht es in nur sechs Minuten mit dem Zug. Wer nicht mit der Bahn anreist, stellt sein Auto also am besten direkt am Bahnhof in Lehmen ab.

Mit den ersten drei Kilometer ab dem Ortsausgang wartet gleich zu Anfang der spannendste und anspruchsvollste Teil des Weges. Hier hat der Weg den Namen »Steig« absolut

---

Hin & weg: Mit Auto oder Regionalbahn zum Bahnhof Lehmen.

Beste Zeit: Juni–Oktober.

Dauer & Strecke: 5 Std. für gut 11 km.

Ausrüstung: Schwindelfreiheit, Wanderschuhe und ein bisschen Kondition.

Einen der schönste Ausblicke der gesamten Wanderung hat man von der Schutzhütte Kanaul.

verdient. Auf schmalen Pfaden, die nicht selten ein wenig Schwindelfreiheit erfordern, geht es immer dem grünen W nach durch das gleichnamige Naturschutzgebiet bis zum Ausoniusstein. Spektakuläre Ausblicke auf das Moseltal inklusive!

Aber auch danach bleibt der Weg genauso pfadig und abwechslungsreich. Mal führt er entlang der Moselhöhen, mal hinein in vier verwunschene Taleinschnitte des Flachsbachtals, des Katteneser Mühlentals, des Kehrbachtals und des Alsbachtals. Und so gibt es auch an heißen Tagen immer mal wieder schattige Abkühlung, die man sonst an der Mosel oft vergeblich sucht. Unterwegs kann man an verschiedenen Infotafeln einiges über die Kulturlandschaft der Terrassenmosel erfahren. Über die Schmetterlinge der Untermosel zum Beispiel. Oder den Terrassenweinbau mit seinen Trockenmauern, die Geologie des Moseltals, die Staustufe Lehmen oder über das alte Moselschieferbergwerk.

Wer mag, kann die Tour vorzeitig am Bahnhof Kattenes beenden. Dann entgeht ihm aber der tolle Blick auf die Mosel und die Burg Thurant von der Schutzhütte Kanaul, die das Grand Finale der Wanderung bildet.

FAZIT: MOSEL-GEHEIMTIPP AUF FAST SCHON VERGESSENEN PFADEN, DER SICH AUCH AN WOCHENENDEN LOHNT.

STEIG AUF!

... auf dem Mittelrheinklettersteig in Boppard

An der größten Rheinschleife liegt Boppard. Wo einst Weinbauern die Steilhänge bewirtschafteten, kann man sich einer ganz besonderen alpinen Herausforderung stellen: dem Mittelrheinklettersteig. Obendrein gibt's hier einen der schönsten Ausblicke am gesamten Mittelrhein.

#Mutigsein #Rheinschleife #mitAussichtalsKrönung

Auf dem Mittelrheinklettersteig gilt es zehn Leitern und 130 Trittbügel zu überwinden.

Vom Wanderparkplatz St. Remigiusplatz erreicht man den Einstieg innerhalb nur eines Kilometers. Wer sich unsicher oder mit Kindern unterwegs ist oder nicht so viel Klettererfahrung hat, leiht sich bei der ARAL-Tankstelle um die Ecke in der Koblenzer Straße gegen Vorlage des Personalausweises und eine Leihgebühr inklusive Kaution ein Klettersteigset. Da es gerade an Wochenenden auf dem Steig ziemlich voll werden kann, lohnt sich unter Umständen eine Reservierung unter 06742 2447. Noch besser ist es, das Kletterabenteuer gleich auf einen Wochentag zu legen.

Noch ein Stück geht es auf einem felsigen Pfad über »die Ripp« in die Weinberge, dann zweigt der Klettersteig auch schon nach links ab. Zehn Leitern, 130 Trittbügel und 180 Meter Drahtseil: Doch bei jeder der elf Kletterstellen hat man die Wahl zwischen der Wander- und der Klettervariante. So kann man jedes Mal erneut überlegen, ob man sich die Kletterpartie zutrauen möchte oder nicht. Außerdem kann man die Wanderung so gemeinsam mit Wanderfreunden unternehmen, die *nicht* erpicht auf Kraxeleien sind. Die Traumschleife ist nämlich auch ohne Klettersteig ein echtes Sahnestück am Mittelrhein.

Die erste Schikane: eine Leiter. Parallel zum Rhein wandert man im Anschluss durch zwei im Boden verwachsene Felsen und eingelassene Treppenstufen weiter aufwärts. Die vielleicht größte Herausforderung: eine senkrechte Felswand, die es nur über ein paar in den Stein gehauene Stahlstifte zu überwinden gilt. Unter den Füßen lauert nichts als der Abgrund. Puh, geschafft!

Auf dem letzten und steilsten Klettersteigabschnitt führt der Weg meist über unzählige Steigbügel im Felsen fast senkrecht über verschiedene kurze Felsvorsprünge bis hinauf zum Ewigbachblick auf der Fesserhöhe. Bloß jetzt nicht die Nerven verlieren, sondern Schritt für Schritt immer weiterklettern. Oben angekommen, wartet schon eine erste Relaxbank, von der man einen tollen Ausblick

An jeder Schlüsselstelle kann man erneut entscheiden: Kletter- oder Wandervariante?

auf den Rhein und den Vierseenblick genießen kann. Denn das Schlimmste und/oder Schönste (je nachdem) ist geschafft!

Wer den Erfolg des bezwungenen Klettersteigs gebührend ausgekostet hat, folgt der Beschilderung durch einen dichten Nadelwald bis zum Aussichtspunkt Engelseiche. Vorbei am Bikepark geht es nun zur Gaststätte Vierseenblick mit dem gleichnamigen Ausblick. Nur wenig später folgt mit dem Biergarten GedeonsEck die zweite Einkehrmöglichkeit mit Blick auf die größte Rheinschleife (www.gedeonseck-boppard.de).

Der Abstieg auf dem felsigen Pfad erfordert noch einmal kurze Konzentration, oder man lässt es gemütlicher angehen und schwebt mit der Seilbahn hinab ins Tal.

FAZIT: DIE GRÖSSTE RHEINSCHLEIFE UND EIN WASCHECHTER KLETTERSTEIG – MEHR ABENTEUER AUF NUR FÜNF KILOMETERN GIBT'S NICHT!

Hin & weg: Mit dem Zug zum Bahnhof Boppard (Zuweg 850 m) oder mit dem Auto zum Parkplatz St. Remigiusplatz in Boppard.

Beste Zeit: Ganzjährig, wenn es trocken ist.

Dauer & Strecke: 5 km, mit Pausen 4 Std.

Ausrüstung: Feste Wanderschuhe, eine Portion Mut und eventuell Klettersteigset.

ÜBER 7 GIPFEL MUSST DU GEHEN

... im Siebengebirge

Petersberg, Nonnenstromberg, Großer Ölberg, Lohrberg, Löwenburg, Wolkenburg und Drachenfels – so heißen sie, die sieben »großen« Gipfel im Siebengebirge. Eine Wanderung auf alle Gipfel schlägt mit (mittelgebirgs-)stattlichen 1000 Höhenmetern zu Buche!

#Höhenrausch #Siebengipfeltour #Weltwunder

Das romantische Schloss Drachenburg wurde von 1882 bis 1884 im Stil des Historismus erbaut.

Mit seinen schluchtenartigen Tälern, den dicht bewaldeten Gipfeln, rauen Felsen sowie der artenreichen Tier- und Pflanzenwelt ist das Siebengebirge quasi ein Hochgebirge im Miniformat. Der deutsche Naturforscher Alexander von Humboldt ging im 19. Jahrhundert sogar noch einen Schritt weiter und bezeichnete das kleine Mittelgebirge überschwänglich sogar als das achte Weltwunder. Einst von Vulkanen geschaffen, später von den Menschen als Steinbruch ausgebeutet, ist das Siebengebirge heute ein Naturschutz- und wichtiges Naherholungsgebiet der Region Köln-Bonn.

Los geht die Siebengipfeltour am Fuße des Drachenfelses in Königswinter. Glaubt man am Anfang noch fast alleine unterwegs zu sein, wird es spätestens auf dem Petersberg voll. Nur die wenigsten Besucher machen sich zu Fuß auf den Weg nach oben. Kurz verschnaufen und Aussicht genießen, und dann nichts wie ab zurück in den Wald, dem Rheinsteig folgend! Den Nonnenstromberg hat man dann mit großer Wahrscheinlichkeit für sich alleine, schließlich ist er auch nicht mehr als ein Steinhaufen mitten im Wald. Die Rosenau mit ihrer Burgruine gehört nicht zu den großen Sieben, lohnt aber den kurzen Abstecher.

Waren die ersten drei Gipfelanstiege noch harmlos, hat es der Weg auf den Großen Öl-

Nach Abfahrt der letzten Zahnradbahn um 18 Uhr hat man die Burgruine Drachenfels fast für sich alleine.

berg ganz schön in sich. Ebenso wie die Aussicht von seinem Gipfel – als läge einem das ganze Siebengebirge zu Füßen. »Picknick auf den Felsen oder Einkehr im Gipfelrestaurant (www.gasthaus-oelberg.de)?«, lautet hier die Qual der Wahl.

So schnell wie die Höhenmeter erklommen sind, so schnell sind sie auch wieder dahin. Das könnte auch das heimliche Motto dieser Eskapade sein. Aber irgendwie müssen sie ja schließlich zusammenkommen, die 1000 Höhenmeter. Nächster Streich: der Lohrberg einer der unspektakulären Kandidaten ohne große Aussicht. Ganz anders die Löwenburg: Mit ihrer gleichnamigen Burgruine und dem weiten Blick über das Siebengebirge und den Rhein einer der schönsten Gipfel im Siebengebirge. Jetzt fehlt nur noch einer im Bunde, und zwar der Drachenfels. Wobei das nicht ganz stimmt. Denn zwischen Löwenburg und Drachenfels passiert man die Wolkenburg, einen der großen Sieben, aber mittlerweile aus Naturschutzgründen gesperrt.

Wer auf dem Weg zu lange getrödelt hat, bis die letzte Zahnradbahn abgefahren ist, wird jetzt belohnt und muss sich nicht unter die Scharen von Besuchern mischen, welche die Bahn zwischen zehn und 18 Uhr auf den Berg bringt. Aber so oder so, die Aussicht auf den Rhein ist es wert. Während des Abstiegs vor lauter Gipfelglück nicht den schönen Blick auf das Schloss Drachenburg verpassen! Die ungewöhnliche Mischung aus Villa, Burg und Schloss aus dem 19. Jahrhundert sieht aus, als wäre sie einem kitschigen Disney-Film entsprungen.

FAZIT: SIEBEN (GIPFEL) AUF EINEN STREICH – DIE KÖNIGSTOUR IM SIEBENGEBIRGE MIT 21 KILOMETERN UND 1000 HÖHENMETERN IST ETWAS FÜR SPORTLICHE WANDERER.

Hin & weg: Mit dem Regionalexpress nach Königswinter oder mit dem Auto zum Parkplatz an der Talstation Drachenfelsbahn (Drachenfelsstraße 53, Königswinter).

Beste Zeit: Ganzjährig. Besonders schön von Mai bis Oktober.

Dauer & Strecke: 21 km, mit Pausen ein ganzer Wandertag.

Ausrüstung: Etwas Kondition und Gipfelfiber.

LA BELLA MOSELLA

… zwischen Rhein und Mosel

Sanfte Hügel, Weinberge und mediterrane Vegetation – das Rhein-Mosel-Dreieck hat mehr mit Bella Italia gemeinsam, als man zunächst denkt. Für das echte Italienflair mietet man einfach eine Vespa, lässt sich den lauen Spätsommerwind um die Nase wehen und genießt »la Bella Mosella« von ihrer schönsten Seite.

#meineroteVespa #Italienflair #RheinMoselDreieck

Der schönste Picknickplatz wartet oberhalb von Alken am Fuß der Burg Thurant.

Wer keine italienische Zweiradschönheit sein Eigen nennt, startet diese Eskapade in Braubach. Hier kann man sich nämlich eine waschechte Vespa Primavera 50 für einen Tag (oder mehrere) leihen, für die man nur einen stinknormalen Führerschein der Klasse B braucht, und zwar bei Moto Rickert (www.moto-rickert.de). Das Picknick besorgt man sich am besten schon vorher – doch keine Sorge, falls das nicht möglich war: Auch unterwegs gibt's noch jede Menge Einkaufsmöglichkeiten.

Wer noch nicht allzu viel Fahrerfahrung mitbringt, legt die Tour am besten auf einen Sonntag. Dann ist vor allem rund um Koblenz deutlich weniger los im Straßenverkehr. Immer dem Rhein folgend geht es nun nämlich genau dorthin, in Richtung Koblenz. Im Stadtteil Pfaffendorf angekommen, überquert man den Rhein und biegt gleich rechts ab. Wer mag, stellt die Vespa ab und stattet dem Zusammenfluss von Mosel und Rhein, dem sogenannten Deutschen Eck, zu Fuß einen Besuch ab.

Von nun an folgt man der Mosel. Das sanfte Wasser des Flusses glitzert in der Nachmittagssonne, und rechts und links ziehen schnell die Weinberge an einem vorbei. Winningen ist der erste Moselort, der auf der anderen Seite an einem vorbeirauscht, dann folgen Kobern-Gondorf und Lehmen. Alken ist mit seiner mittelalterlichen Burg Thurant einer der schönsten Orte an der Untermosel. Bevor es

---

Hin & weg: Mit der Regionalbahn zum Bahnhof Braubach.

Beste Zeit: Juni–September.

Dauer & Strecke: 64 km; am besten ein ganzer sonniger Tag.

Ausrüstung: Falls vorhanden, die eigene Vespa sowie Motorradhelm. Picknick, lange Kleidung sowie warme Jacke zum Überziehen.

Fährfahrt zum Sonnenuntergang von Boppard nach Filsen (links). Flusspanoramen satt von der Winninger Moselbrücke (rechts).

in Serpentinen hinauf auf die Hunsrückhöhen geht, wartet oberhalb des Ortes und südlich der Burg der wohl schönste Picknickplatz weit und breit: rundherum Weinberge, zu Füßen das Örtchen mit seinen Fachwerkhäuschen und Schieferdächern, und darüber thront die beeindruckende Burg. Natürlich kommt nur Traubensaftschorle ins Glas – schließlich ist die Tour noch nicht vorbei.

Nach der Pause gibt's Fahrspaß pur: Zunächst Serpentine um Serpentine rauf nach Pfaffenheck und danach Serpentine um Serpentine hinab nach Boppard an den Rhein.

Hier wartet schon das nächste Abenteuer! Da es zwischen Mainz und Koblenz keine einzige Brücke über den Rhein gibt, geht es ab auf die Fähre nach Filsen. Die letzten zehn Kilometer zurück nach Braubach sind noch einmal besonders schön: Hier zeigt sich der Rhein von seiner kurvigsten Seite. Schon von Weitem kündigt die Marksburg das Ende der Tour an. Wer mag, kann ihr vor Abgabe des Fahrzeugs noch einen Besuch abstatten – Erfahrungen im Serpentinenfahren hat man ja inzwischen genug gesammelt.

Übrigens können ambitionierte Radfahrer die rund 60 Kilometer lange Tour natürlich auch mit dem Rennrad oder E-Bike zurücklegen, der knackige Abstecher über den Hunsrück hat es aber durchaus in sich.

FAZIT: MIT DER VESPA DURCH DAS RHEIN-MOSEL-DREIECK DÜSEN IST MINDESTENS SO SCHÖN WIE EINE RASANTE ZWEIRAD-FAHRT IN BELLA ITALIA.

VON BURG ZU BURG

... auf der Stahlbergschleife in Bacharach

Was wäre der Mittelrhein ohne seine Burgen! Auf dieser Tour gibt's gleich zwei von ihnen – in einer kann man sogar übernachten. Dazwischen warten waldige Schluchten, Wiesenpfade und Weinbergblicke: Best of Mittelrhein quasi!

#Rheinburgenweg #Burgenliebe #vonFledermäusen&Schmetterlingen #LostPlaces

Angekommen an der Burgruine Stahlberg wartet der perfekte Picknickplatz.

Stahlbergschleife nennt sich der Rundwanderweg, der mitten im romantischen Stadtkern von Bacharach startet und zwei Burgen – die Burg Stahleck und die Burgruine Stahlberg – miteinander zu einem abwechslungsreichen Wanderweg verbindet. Wer nicht aufpasst, bleibt gleich zu Beginn »kleben« – denn kaum hat man die verwinkelten Gässchen und historischen Fachwerkhäuschen rechts und links des Münzbachs hinter sich gelassen, lockt schon nach wenigen Hundert Metern bergauf die Burg Stahleck zu einer Rast. Aber hey, wer kann einem kühlen Getränk mit schönster Rheinsicht schon widerstehen? Der Biergarten gehört zur Jugendherberge www.diejugendherbergen.de/

jugendherbergen/bacharach). Wer also nicht genug bekommt von Rheinblicken und Burgenromantik, kann hier nach der Wanderung stilecht sein Haupt betten.

Jetzt geht's aber erst mal hinter der Burg weiter bergauf; hier kann man jetzt sogar über das Turmdach der Burg hinweg auf den Rhein und die umliegenden Weinberge schauen.

Der wohl schönste Blick auf Bacharach wartet auf der Heinrich-Heine-Höhe.

Der Weg zur Burgruine Stahlberg führt tief hinein ins Steeger Tal. Die Wege sind ruhig und einsam, immer wieder passiert man alte Schieferstollen. Die meisten von ihnen sind abgesperrt, aber in eine der Höhlen kann man sogar einen Blick werfen. Im Winter sind sie Quartier für die größte Kolonie der Fledermausart Großes Mausohr, die sonst in der nahegelegenen St.-Anna-Kirche in Steeg zu Hause ist. Das Große Mausohr ist mit einer Flügelspannweite von 35 bis 43 Zentimetern die größte Fledermausart Deutschlands.

Jetzt ist auch die Burg Stahlberg nicht mehr weit. Einmal über den Münzbach und über einen schmalen Pfad die Schieferfelswand hinauf – schon ist sie da. Über eine Holzbrücke gelangt man auf das ehemalige Burggelände, das mehr und mehr von der Natur zurückerobert wird. Von der Burg selbst sind noch Teile der Ringmauer, Reste eines rechteckigen Turms und ein Rundturm erhalten. Ein paar Picknicktische im Freien machen die Ruine zum perfekten Pausenplatz.

Nach der Rast führt der Weg über den Dorweiler Bach und ein weitläufiges Hochplateau zurück in Richtung Rhein. Von der Heinrich-Heine-Höhe kann man weit über das Rheintal bis nach Trechtingshausen blicken. Der Abstieg nach Bacharach ist mindestens so steil wie der Aufstieg zu Beginn der Tour: Über den Orionsteig (benannt nach einem seltenen hier vorkommenden Schmetterling) geht's vorbei an alten Stadtmauerresten und Wehrtürmen zurück in den Ortskern.

FAZIT: ZWEI BURGEN, RHEINBLICKE UND EIN HÜBSCHES ÖRTCHEN – GANZ KLAR EINER DER SCHÖNSTEN RHEINBURGENWEG-RUNDWEGE.

Hin & weg: Mit dem Auto zum Parkplatz Rheinufer Bacharach oder mit der Regionalbahn zum Bahnhof Bacharach.

Beste Zeit: Ganzjährig.

Dauer & Strecke: 13 km. Ein ganzer Tag.

Ausrüstung: Wanderschuhe und Picknick (nach der Burg Stahleck gibt's auf dem Weg keine Einkehrmöglichkeit mehr).

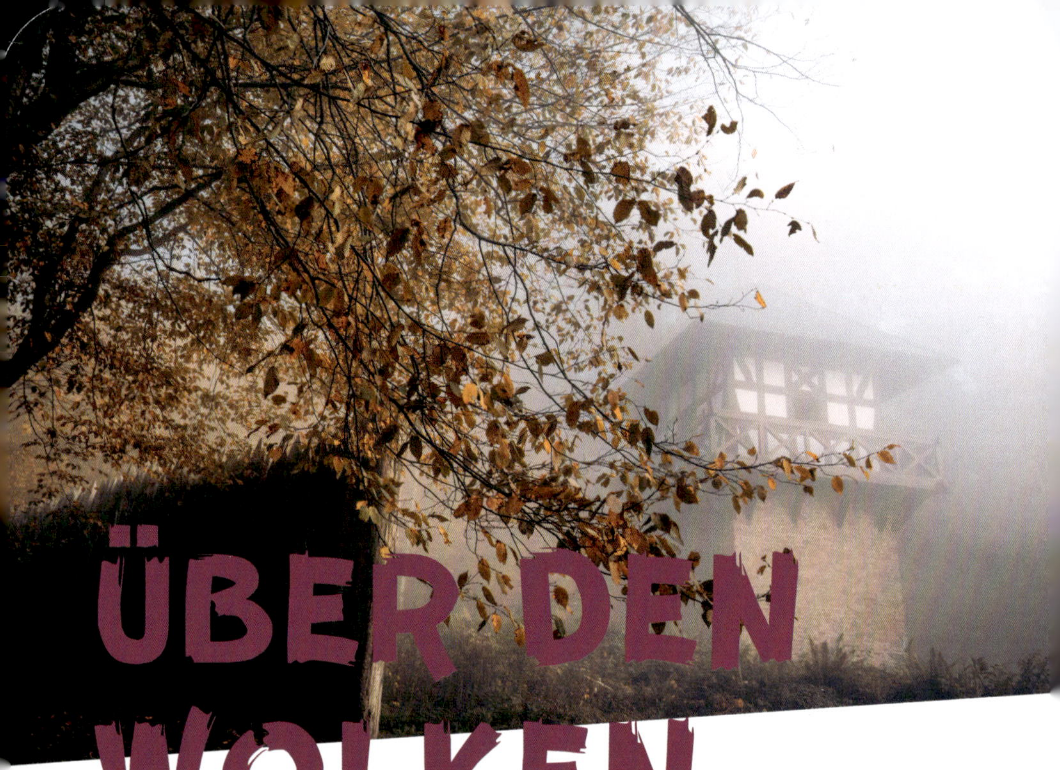

ÜBER DEN WOLKEN

... auf dem Traumpfad Saynsteig

#40

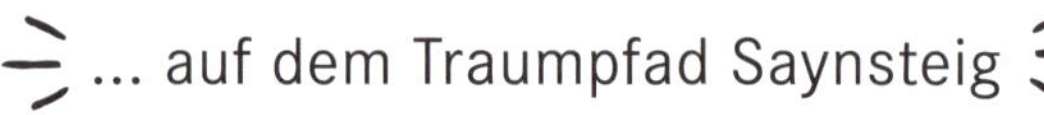

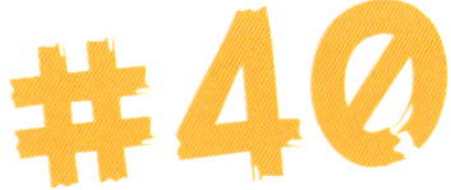

Über den Wolken ist die Freiheit im Saynbachtal grenzenlos. Dann reicht der Blick bis weit über das Neuwieder Becken, in dem im Herbst nicht selten eine dichte Nebelsuppe schwimmt, die sich den ganzen Tag nicht auflöst. Da hilft nur hochhinauswandern!

#Herbstwald #Brexbachtal #rausausderNebelsuppe #NeuwiederBecken

Der Mischwald rund um die Burg Sayn ist mit buntem Herbstlaub besonders schön.

Herbstzeit ist Nebelzeit – da hat es die Sonne oft nicht leicht, die dichten Nebelschwaden über dem Neuwieder Becken aufzulösen und den Blick auf den eisblauen Himmel freizumachen. »Inversionswetterlage« nennt sich dieses Phänomen. Doch so schön die mystische Nebelstimmung im bunten Herbstwald auch ist, spätestens zur Mittagsrast kann man an kühlen Tagen jeden Sonnenschein gebrauchen. Wie gut, dass man meist nur hoch genug hinausmuss (auf die Westerwaldberge), um über den Wolken die Sonne zu genießen.

In diesem Fall ist der über 300 Meter über der Stadt thronende Bendorfer Stadtteil Stromberg dafür das Ziel, der höchste Punkt des Traumpfads Saynsteig. Bis dahin müssen aber ein paar Höhenmeter erklommen werden, denn der Startpunkt der Wanderung liegt gerade einmal 70 Meter über dem Meeresspiegel.

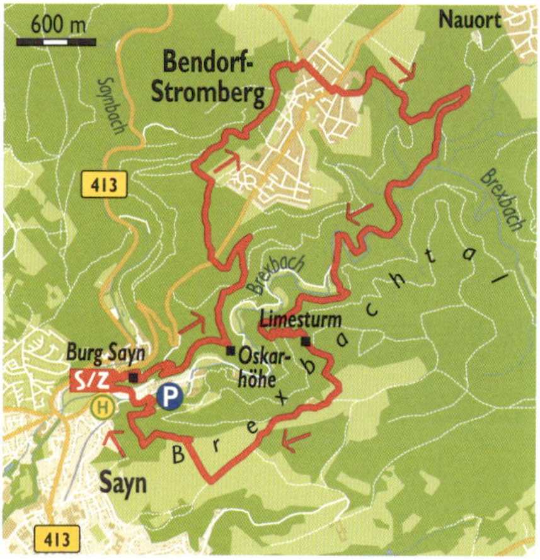

Es geht zunächst steil bergauf zur Burg Sayn. Immer noch Nebel. Ob es wohl auf der Oskarhöhe besser wird? Schließlich soll es hier einen tollen Blick über die Abteikirche, den Ort

---

Hin & weg: Mit dem Auto zum Parkplatz am Prälatengarten Abtei Sayn oder ab Hauptbahnhof Koblenz mit Bus 8 zur Haltestelle Sayn Schloss.

Beste Zeit: Ganzjährig. Für die besondere Nebelstimmung: Oktober/November.

Dauer & Strecke: 5 Std. für 15,3 km.

Ausrüstung: Wanderschuhe, Proviant, dicke Jacke.

Im Sommer erfrischend-plätschernder Fluss, im Herbst gespenstisch-schöne Nebelstimmung – das Brexbachtal ist zu jeder Jahreszeit einen Besuch wert.

Sayn, das Rheintal und die Eifel geben. Nein, immer noch Nebel? Macht nichts, der bunte Herbstwald ist auch ohne Sicht wunderschön.

Hundert Höhenmeter später ist es dann ziemlich sicher so weit: Die Nebelsuppe wird mit jedem Meter dünner und die Sonne kommt hervor. Bei Glück ist der Himmel bis zur Ortdurchquerung des Stadtteils Stromberg strahlend blau.

Jetzt aber nichts wie die nächste Parkbank schnappen und das Picknick auspacken. Denn es ist meist nur eine Frage der Zeit, bis der Nebel im Tourenverlauf wieder zuschlägt. Spätestens im Brexbachtal hüllt er die Natur wieder gespenstisch ein – und alles Leben und alle Geräusche mit ihr. Das macht aber gar nichts, denn das idyllische Flusstal ist auch so wunderschön. Die Hoffnung, vom Limesturm ganz am Ende der Rundwanderung noch die Aussicht genießen zu können, wird nicht immer erfüllt. Nur ein paar fahle Sonnenstrahlen schaffen manchmal den Kampf mit dem Nebel und tunken ihn in ein zartes Rosé. Der Ort Sayn taucht dann erst wieder auf, wenn man nach 15,5 Kilometern wieder mittendrin steht.

FAZIT: SCHÖNER MIX AUS RUHIGEN WALDABSCHNITTEN UND BEEINDRUCKENDEN WEITBLICKEN – JEDENFALLS WENN MAN IM HERBST DEN NEBEL UNTER SICH GELASSEN HAT.

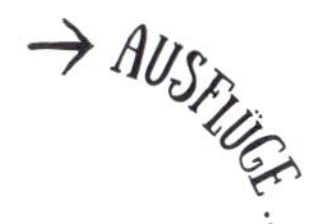

AUF URWALD-EXPEDITION

... auf dem Waldschluchtenweg bei Vallendar

#41

Ob eine Waldwanderung zu einer echten Urwaldexpedition wird oder ein unspektakulärer, langwieriger Waldspaziergang bleibt, liegt im Auge des Betrachters. Denn selbst im Winter gibt es in den Bachtälern und Auen des Westerwaldes so viel am Wegesrand zu entdecken – man muss nur die Augen aufmachen.

#Waldschluchten #alleseineFragederBetrachtung #Frühlingswinter

Nach zweieinhalb Kilometern entlang des Hillscheider Bachs überquert der Weg das Flüsschen und steigt – nun dem Hirzbach folgend – talaufwärts.

Zugegeben: Mit Blättern am Baum wäre die Wanderung auf dem Waldschluchtenpfad natürlich schöner. Aber ist das gleich ein Grund, die Wanderschuhe im Winter einzumotten? Schließlich hat jede Jahreszeit im Wald ihren Reiz, und der Winter ist ein guter Lehrmeister, sich auf die kleinen Dinge am Wegesrand zu fokussieren.

Zum Beispiel darauf, wie viel Grün so ein bisschen Moos in das sonst eher triste Braun des Winterwalds bringen kann. Oder wie der Wald, angeregt durch ein paar Sonnenstrahlen, wieder zum Leben erwacht. Die Eichhörnchen sind bereits im Februar nach ihrer Winterruhe schon wach und ziemlich aktiv. Und zwar nicht nur bei der Nahrungssuche: Schon Ende Februar beginnt die Paarungszeit, und wer Glück hat, kann Männchen und Weibchen auf ihren halsbrecherischen Verfolgungsjagden durch die Äste der Bäume beobachten. Neben dem Schneeglöckchen recken auch die ersten Krokusse und die gelben Blüten des Winterlings ihre Köpfe aus dem Laub. Auch die ersten Zitronen-

Gerade an kühlen Wintertagen sind ein paar wärmende Sonnenstrahlen eine Wohltat.

falter können bereits aus ihrer Winterruhe erwacht sein.

Startpunkt der Tour ist der Parkplatz Feisternachtbachtal. Entlang des Hillscheider Bachs führt der Weg durch mittelhohen Mischwald vorbei an steilen Felsklippen und den Fischteichen des Tannenhofs. Hier wimmelt es nur so von Leben im Wald. Nach rund zweieinhalb Kilometern geht es in Serpentinen bergan und weiter am Hirzbach talaufwärts. Durch alten Hochwald umrundet der Weg den Kuckucksberg. Wer den glatten silbergrauen Stamm einer Rotbuche entdeckt, sollte mal sein Ohr daranhalten. Jetzt kann man nämlich das Rauschen und Gluckern der frischen Säfte hören, die von den Wurzeln zur Krone aufsteigen und schon an der Ausbildung der frischen Triebe arbeiten. Sind das dahinten etwa Wildschweinspuren im Wald? Dann immer schön laut reden und auf dem Weg bleiben – die Wildschweinmutter hat im Februar bereits Nachwuchs und kann bei Begegnungen ziemlich aggressiv sein.

Auf einem weichen Waldpfad geht es vorbei am Wasserwerk zur Bembermühle, die im Winter leider noch geschlossen hat. Der folgende Aufstieg führt zu dem im Wald verborgenen Limeswall, einem Relikt aus der Römerzeit. Vorbei am Puschenkopf führt der Pfad in weiten Serpentinen nun abwärts ins Feisternachtbachtal, quert den Bach und gelangt am linken Ufer talwärts zu einem kleinen See mit Hütte. Ist es warm genug, ist hier der schönste Ort für ein Picknick. Von dort ist es aber auch nicht mehr weit zurück zum Ausgangspunkt.

FAZIT: MIT EINEM WACHEN AUGE FÜR DETAILS WIRD SELBST IM WINTER AUS EINER WALDWANDERUNG EINE URWALD-EXPEDITION.

Hin & weg: Mit dem Auto zum Parkplatz Feisternachtbachtal (an der L 309) oder ab Hauptbahnhof Koblenz oder Bahnhof Vallendar mit Bus 7 bis zur Haltestelle Vallendar Schönstatt.

Beste Zeit: Zu jeder Jahreszeit schön – auch im Winter.

Dauer & Strecke: 2,5–3 Std. für 11 km; mit ausgiebigem Picknick 4–4,5 Std. einplanen.

Ausrüstung: Feste Schuhe, Feldstecher und Kamera.

---

3. KAPITEL MINIURLAUB

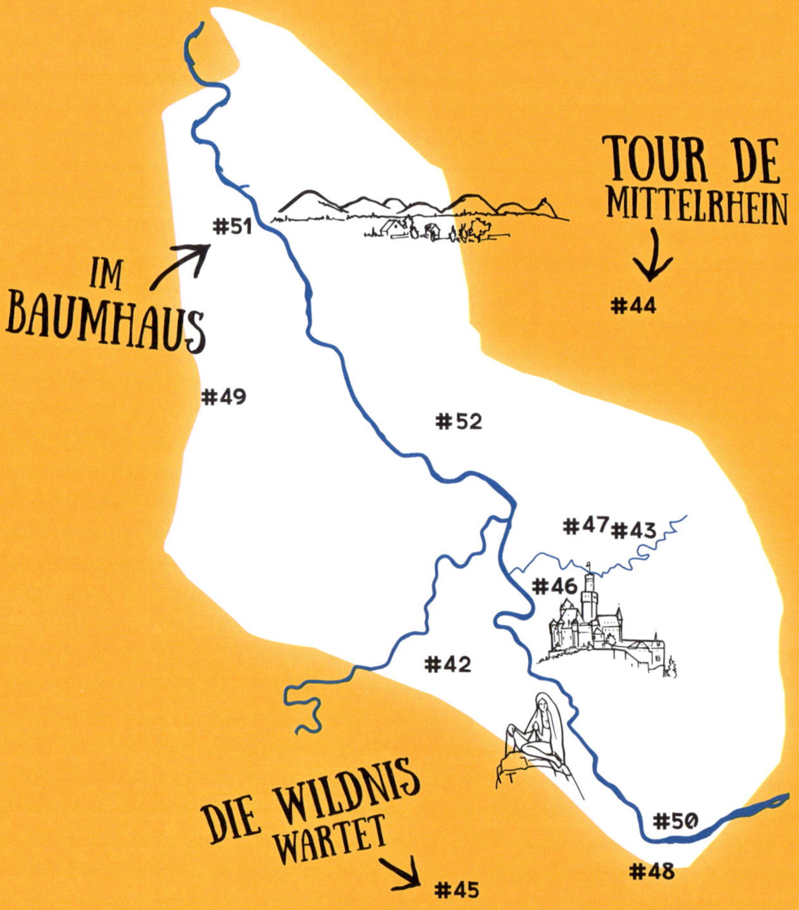

Ferien für ein Wochenende

Trekkingabenteuer oder genussvolle Stunden im Weinschlafwagen? Tierische Bekanntschaften oder „einmal alles“ im Vorbeiradeln – für jeden gibt’s das passende Wochenendabenteuer!

36H

TRAUM-SCHLEIFE MAL 3

... Wandern im Baybachtal

Traumschleifen heißen die Premium-Rundwege des Saar-Hunsrück-Steigs. Und selten war ein Name mehr Programm. Nicht nur eine oder zwei, sondern gleich drei Traumschleifen kombiniert diese Wanderung im Baybachtal und pickt dabei die absoluten Rosinen heraus.

#Rosinenpicken #Schluchtenwanderung #überStock&Stein

Erst von oben bewundern, dann tief hinein in die Schlucht steigen.

→ MINIURLAUB …

»Traumschleife mal 3«, »Rosinen rauspicken«, »Immer dem Plätschern nach«, »Über Stock und über Stein« oder »Durch die Wutachschlucht des Hunsrücks« – diese Eskapade könnte viele Namen haben. Und alle passen wie die Faust aufs Auge. Die Wanderung kombiniert die schönsten Teile der Traumschleifen Rabenlay, Baybachklamm und Murscher Eselsche mit einem großen Teilstück des Saar-Hunsrück-Steigs zu einer echten Lieblingstour für alle, die schmale Pfade, Einsamkeit, felsige Schluchten und Ausblicke lieben und die ein oder andere Seilsicherung nicht scheuen. Und zurück zum Ausgangspunkt geht es ganz einfach mit dem Bus. Oder besser andersherum: das Auto am Ziel stehen lassen und gleich am Anfang mit dem Bus zum Startpunkt. Denn hey, schließlich sind wir mitten im Hunsrück und dementsprechend ausgedünnt ist der Busfahrplan. Also am besten die Anreise nach den Busfahrzeiten planen, Auto am Ziel in Morshausen parken und mit der Linie 628 zum Startpunkt fahren.

Dann heißt es: Von der Hauptstraße in die Natur nach nur wenigen Metern – dann nämlich biegt die Traumschleife Rabenlay bereits in die Felder unterhalb von Gondershausen ab. Wirklich pfadig und spannend wird es aber erst ab der Rabenlay, einem Aussichtsfelsen

über dem Baybachtal, der sich für die erste Trinkpause eignet. Die Sohle der Schlucht ist im Anschluss schnell erreicht, und ab da heißt es: mal dem Tosen, mal dem Plätschern des Baybachs nach. Mal ragen die Felsen fast hundert Meter auf, mal gleicht das Baybachtal einem sanften Flusstal mit grünen Uferzonen und fast lautlos dahingleitendem Wasser. Nach rund acht Kilometern kommtdie Schmausemühle gerade recht zur Einkehr – ein kurzer Hauch von Zivilisation inmitten unberührter Natur. Und so schnell sie gekommen ist, ist sie auch wieder verschwunden, die Zivilisation. Denn wer hier nicht übernachtet, um die Tour erst an Tag 2 fortzusetzen, muss sich irgendwann losreißen.

Noch ein Stück auf der Traumschleife Baybachklamm und dann später über den regulären Saar-Hunsrück-Steig geht es weiter flussabwärts. Wer jetzt denkt, das wäre einfach, der vertut sich. Durch das ständige Auf und Ab, ein bisschen Felsenklettern und den

---

Hin & weg: Mit dem Auto zum Parkplatz am Dorfplatz in Morshausen oder ab Bahnhof Emmelshausen mit Bus 628 zur Haltestelle Morshausen, Dorfplatz, und von dort mit Bus 628 weiter nach Gondershausen, Haltestelle Am Kreisel.

Beste Zeit: Ganzjährig. Besonders schön im Frühling oder Herbst.

Dauer & Strecke: 18 km, 4,5–5 Std. reine Gehzeit; mit Pausen und Einkehr entweder ein ganzer Tag oder zwei halbe Tage.

Ausrüstung: Festes Schuhwerk und eine große Portion Wanderlust.

Wenn es Nacht wird: Hotel & Restaurant Schmausemühle in Gondershausen (www.schmausemuehle.de).

Die Heyweiler Bauernmühle fungierte von 1893 bis 1945 als Getreidemühle.

steilen Anstieg zum Murscher Eselsche hat es die Tour in Sachen Anspruch und Höhenmeter durchaus in sich. Darum noch mal der Tipp: Wer's gemütlicher mag, macht gleich ein ganzes Wochenende draus. Wäre doch eigentlich auch viel zu schade, dem Baybachtal so schnell den Rücken zu kehren.

Nach dem Murscher Eselsche folgen noch weitere Aussichtspunkte und Fernsichten entlang der gleichnamigen Traumschleife (der dritten im Bunde), bis der Ortskern von Morshausen und damit das Ende der Eskapade gekommen ist.

FAZIT: 18 KILOMETER ROSINENPICKEN AUS DREI TRAUMSCHLEIFEN IM BAYBACHTAL.

EINFACH LAHN-TASTISCH!

... auf dem Lahnwanderweg

Der Lahnwanderweg zwischen Lahnquelle und Lahnmündung in den Rhein ist 290 Kilometer lang. Wer nicht so viel Zeit hat, wandert nur ein Stückchen – am besten im unteren Abschnitt zwischen Diez und Lahnstein, der als der schönste gilt. Zwei, drei oder vier Tage – egal: Hauptsache, dass!

#Mustdo #Camp&Hike #Aussichtshopping

Das Kloster Arnstein war einst eine Prämonstratenserabei südlich von Oberhof.

Der Lahnwanderweg ist im Vergleich zum Rhein- oder Moselsteig noch ein absoluter Geheimtipp. Eigentlich kaum zu glauben, denn schöne Landschaft, Felsen, Ausblicke und Burgen gibt es hier mindestens genauso viele – vor allem im unteren Lahntal. Das Beste: Selbst bei einer Fernwanderung über mehrere Tage braucht man sein Gepäck nicht von Ort zu Ort tragen, denn durch den Bahnanschluss gelangt man ganz einfach wieder zurück zum Ausgangspunkt.

Der beste Ausgangspunkt für ein Wanderwochenende auf dem Lahnwanderweg ist Obernhof, der letzte und einzige Weinort direkt an der Lahn. Von hier aus sind alle Orte des Lahntals und damit Wanderstart- und Wanderendpunkte bequem mit dem Zug erreichbar. Hier in erster Reihe direkt an der Lahn seinen Camper abstellen oder das Zelt aufbauen – das wäre eigentlich schon genug für eine Wochenendeskapade. Aber das süße Camperleben kann man noch genug in den

Morgen- und Abendstunden genießen. Daher geht's erst mal ab mit dem Zug nach Balduinstein. Der Lahnwanderweg biegt dort direkt an der Kirche ab auf einen schmalen Treppenpfad, der mit Blick auf die Burg hinauf zum Saukopp führt – nur einer von zahlreichen Aussichtspunkten auf dieser Etappe. Noch beeindruckender: der Blick von der Schutzhütte am Gabelstein.

In Laurenburg überquert man die Lahn und wandert durch das ehemalige Zechengebiet

In den Weinbergwiesen oberhalb von Obernhof blühen im Juni/Juli überall die Mohnblumen.

bergauf. Auch hier reiht sich ein Aussichtspunkt an den nächsten – und dann der krönende Abschluss: der Goethepunkt mit Blick auf Obernhof. Wer es abenteuerlich mag, legt die letzten Kilometer über einen kleinen Klettersteig mit ein paar Seilsicherungen und einer Leiter zurück. Ab jetzt heißt es nur noch Füße hochlegen und den Blick auf die Lahn genießen.

So abenteuerlich, wie der erste Tag geendet hat, beginnt auch der zweite Wandertag auf dem Lahnwanderweg. Der Weg führt in Obernhof durch Weinberge und Wald bergauf, wo bereits der nächste kleine Klettersteig (mit einfacher Alternative) bezwungen werden will. In Weinähr wartet das wildromantische Gelbachufer. Dann geht's immer bergauf zum Aussichtsfelsen Hohe Lay. Auf dessen Aussichtsplattform könnte man meinen, man sei in den Alpen und nicht im sanften Lahntal.

In Nassau überquert man dann wieder den Fluss und wandert links hinauf zur Burg Stein. Wohl dem, der sich in Nassau ordentlich gestärkt und Kraft für den anschließenden Anstieg zur Kuxlay gesammelt hat. Der hat es nämlich in sich. Die Aussicht auch.

Ab Dausenau mit seinem schiefen Turm geht's wieder rechts der Lahn hinauf auf die Bäderlei. Zu Füßen liegt das mondäne Bad Ems.

Wer nach diesen zwei Etappen noch nicht genug hat, wandert am dritten Tag bis zur Rheinmündung in Lahnstein. Höhepunkt dieser Etappe ist die Ruppertsklamm, aber das ist wieder Teil einer anderen Eskapade (#23).

FAZIT: ZWEI (ODER MEHR) TAGE CAMPEN UND WANDERN AUF DEM LAHNWANDERWEG – (NOCH) EIN ABSOLUTER GEHEIMTIPP.

Hin & weg: Für Wanderung 1 ab Obernhof (Lahn) mit der Regionalbahn nach Balduinstein. Bei Wanderung 2 geht's ab Bad Ems mit der Regionalbahn zurück nach Obernhof (Lahn).

Beste Zeit: April–Oktober.

Dauer & Strecke: 40 km (von Balduinstein nach Bad Ems), verteilt auf 2 Wandertage: rund 20 km in 5 Std. an Tag 1, rund 20 km in knapp 6 Std. an Tag 2.

Ausrüstung: Camper oder Zelt, gute Wanderschuhe, Tagesrucksack.

Wenn es Nacht wird: Campingplatz Obernhof (www.campingplatz-obernhof.de).

TOUR DE WIED

... auf dem Wied-Radweg von der Quelle zur Mündung

97 Kilometer lang ist der Wied-Radweg, der von der Wiedquelle im Westerwald bis zur Mündung bei Neuwied führt. Sportliche könnten die ganze Tour an einem Tag machen, aber ein zweitägiges Bikepacking-Abenteuer mit Übernachtung in Neustadt ist noch viel schöner.

#Camp&Bike #vonderQuellebiszurMündung #Bikepacking #Faltzeltimmerdabei

Das fast ausschließlich naturbelassene Wiedtal gleicht einer idyllischen Auenlandschaft.

Eigentlich versteht man unter Bikepacking eine mehrtägige Radtour mit dem Mountain- oder Gravelbike. Wir nehmen es hier mal nicht so genau. Schließlich kann man auch ohne Hightech-Ausrüstung auf dem Wied-Radweg herrlich für zwei Tage mit dem Zelt in der Satteltasche unterwegs sein. Wobei, nicht mal das ist zwingend. Auf dem Campingplatz in Neustadt kann man sich nämlich auch eine kleine Blockhütte mieten. Für diese Radtour reicht jedes normale Fahrrad, schließlich geht es ja nicht darum, eine Tour de Wied zu gewinnen. Die Natur des Wiedtals genießen – das steht hier im Vordergrund.

Unterschätzen sollte man den Radweg jedoch auch nicht, denn vielerorts führt er über unbefestigte Schotterwege abseits von Ortschaf-

Die massiven Pfeiler der Wiedtalbrücke bringen Autofahrer auf der A3 über den Fluss.

ten. Aber hey, ein bisschen Abenteuer soll es ja dann doch sein, oder nicht? In Rotenhain zu starten hat zwei Vorteile: Die Wiedquelle ist von dort nicht weit entfernt, und man kann den Startpunkt bequem mit dem Zug erreichen.

Die Wiedquelle selbst ist wenig spektakulär. Der Dreifelder Weiher dagegen sehr. Was nach einem kleinen Tümpel klingt, entpuppt sich mit einer Oberfläche von 123 Hektar als der größte See im ganzen Westerwald. Um den See hautnah zu erleben, nimmt man für ein kurzes Stück am besten den direkt am See verlaufenden Sieben-Weiher-Weg. Auch wenn das bedeutet, dass man das Rad auf dem wurzeligen Pfad vielleicht mal schieben muss. Ab jetzt folgt man der Wied – mal durch wilde Täler, mal über die Weiten der Westerwaldhochebene.

Dann kommt auch schon die weite Auenlandschaft der Wiedauen in Altenkirchen in Sicht. Hier könnte man natürlich auch einkehren, aber echte Bikepacker haben selbstverständlich die Pausenverpflegung dabei. Die gibt's direkt am Fluss, die Füße dabei zur Erfrischung ins kühle Wiedwasser gestreckt.

Auch wenn der Weg insgesamt bergab führt, warten bis nach Neustadt dann doch ein paar nennenswerte Anstiege. Puh! Jetzt noch zwei schöne Hängeseilbrücken über den Fluss passieren, dann liegt auch schon Neustadt vor uns. Mit etwas Glück kann man auf dem Campingplatz sein Zelt direkt am Fluss aufbauen und nachts zum leisen Plätschern des Wassers einschlafen.

Für Zeltabbau und Frühstück kann man sich am zweiten Tag ruhig Zeit lassen. Schließ-

Schon am Anfang der Radtour wartet ein Highlight: Der Dreifelder Weiher ist mit seinen 123 Hektar der größte See im Westerwald.

lich stehen nur rund 40 Kilometer an. Und die fahren sich auf den größtenteils ausgebauten Radwegen praktisch ebenerdig fast wie von alleine. Im unteren Wiedtal erinnert die Landschaft manchmal fast ein wenig ans Allgäu. Nur ohne die schroffen Berge im Hintergrund. Stattdessen: weite Weidelandschaften mit grasenden Kühen, hier und da ein paar bewaldete Hügel und mittendrin der plätschernde Fluss.

Wer sich noch nicht so schnell von der Wied trennen kann, legt noch eine ausgedehnte Mittagspause in der Laubachsmühle ein (www.laubachsmuehle.de). Von der Mündung in den Rhein ist es nicht mehr weit bis zum Bahnhof Neuwied, wo diese Eskapade nach rund hundert Kilometern auf dem Tacho endet.

FAZIT: ZWEI TAGE SCHNUPPER-BIKEPACKING AUF DEM WIED-RADWEG NACH DEM MOTTO »EAT, SLEEP, BIKE, REPEAT«.

Hin & weg: Mit der Regionalbahn zum Bahnhof Rotenhain. Zurück geht's ab Bahnhof Neuwied.

Beste Zeit: April–September (Campingsaison).

Dauer & Strecke: 100 km, je nach Lust und Fitness verteilt auf 1–3 Tage. Mit einer Übernachtung in Neustadt wären es am ersten Tag 60 km, am zweiten 40 km.

Ausrüstung: Fahrrad, Satteltaschen, ggf. mit Zelt darin.

Wenn es Nacht wird: Campingplatz Neustadt, Strandweg 4, Neustadt/Wied (www.campingneustadtwied.jimdo.com).

INTO THE WILD

… durch den Naturpark Soonwald-Nahe

Wandern mit Zelt durch die Wildnis? Am Lagerfeuer sitzen und morgens vom Gesang der Vögel geweckt werden? Das geht in einem der Trekkingcamps entlang des Soonwaldsteigs mit jeweils sechs Lagerplätzen, einer Feuerstelle und einer Toilette – perfekt für ein Trekking-Abenteuer.

#WandernmitZelt #einsamergehtsnicht #SoonwaldWildnis

Versteckt mitten im Wald liegt das Trekkingcamp Ochsenbaumer Höhe.

Auf 85 Kilometern führt der Soonwaldsteig von Kirn an der Nahe nach Bingen am Rhein. Dabei verläuft der Weg teils auf schmalen Pfaden fernab von Siedlungen und viel befahrenen Straßen. Wer Wildnis, Stille und Einsamkeit sucht, ist hier genau richtig. Zwischen vier und sechs Tage sollte man für den gesamten Fernwanderweg einplanen – wer nur ein Wochenende zur Verfügung hat, geht nur den 50 Kilometer langen Abschnitt zwischen dem Ort Schwarzerden und Bingen am Rhein. Dann entgeht einem zwar das wunderschöne Hahnenbachtal am Anfang, aber schließlich kann man die ersten zwei Etappen ja auch ein anderes Mal nachholen.

Die Wildnis hat jedoch einen Preis: Da der Weg über 40 Kilometer keine Siedlungen quert und die Trekkingcamps keine Wasserversorgung garantieren, gehören neben der Campingausrüstung auch genügend Wasser und Verpflegung in den Rucksack. Schwarzerden erreicht man an Wochentagen mit Zug und Bus über Bad Kreuznach und Hochstetten und dann von Hochstetten-Dhaun mit dem Bus in insgesamt eineinhalb Stunden, daher

startet man das Soonwald-Wochenende am besten bereits am Freitagmorgen.

Angekommen in Schwarzerden, geht es über einen Zuweg auf den Alteburg, einen 620 Meter hohen Berg mit Aussichtsturm. Ab hier folgt der einsamste Teil des Soonwaldsteigs. Bis zum Ziel, der Ochsenbaumer Höhe, kreuzt der Weg nur eine einzige Nebenstraße. Ansonsten geht es mal auf breiten Forstwegen, mal auf schmalen Waldpfaden durch abwechslungsreiche Waldlandschaften, wie

Auf der letzten Etappe wird aus den schmalen Waldpfaden teils ein alpiner Steig.

man sie vielerorts nur noch selten findet. Mithilfe der Koordinaten ist das Trekkingcamp etwas abseits des Weges schnell gefunden. Jetzt heißt es das Zelt auf einem der sechs Plätze aufbauen und anheizen. Während die ersten Flammen das Feuerholz in der Feuerstelle zum Glühen bringen, köchelt bereits das Abendessen auf dem Campingkocher. Oh du schönes Zelterleben!

Am nächsten Morgen vertreibt der Gesang der Vögel alle Müdigkeit. Über Schanzerkopf und Eichberg führt der Weg über die bewaldete Hochebene – hier weht immer ein raues Lüftchen, was die vielen Windräder erklärt. In Rheinböllen trifft der Weg dann abrupt an dem gleichnamigen Autohof auf die Zivilisation. Sind Bäuche und Vorräte gefüllt, geht es wieder hinein in die Wildnis und bergauf auf den Ohlingsberg. An der Schutzhütte noch ein letztes Mal die Aussicht für heute genießen, dann wartet das Etappenziel, das Forsthaus Lauscherhütte, nicht nur mit einem warmen Abendessen, sondern auch mit einer Reihe besonderer Übernachtungsmöglichkeiten wie Baumhäuser, Waldmobile & Co. auf alle, die nach einer Nacht schon genug haben vom Zelten.

Auf der letzten Etappe zeigt sich der Soonwaldsteig noch einmal von seiner schönsten Seite. Erst durch das immer enger werdende Morgenbachtal und später auf dem teils alpin wirkenden Eselspfad geht es vorbei an der Burg Reichenstein zum Schweizerhaus, einem Biergarten mit toller Rheinsicht (www.schweizerhaus-am-rhein.de). Gestärkt laufen sich die letzten Kilometer bis zum Bingener Hauptbahnhof dann fast von alleine.

FAZIT: DREI TAGE EINSAMKEIT, WILDNIS UND PURES TREKKINGGLÜCK – SO EINFACH, SO GUT!

Hin & weg: Ab Bahnhof Bingen mit dem Zug nach Hochstetten und von dort mit Bus 288 bis zur Haltestelle Feuerwehr, Schwarzerden. Endpunkt der Tour ist wieder Bingen.

Beste Zeit: April–Oktober (denn nur dann hat das Trekkingcamp geöffnet).

Dauer & Strecke: 56 km, 3 Wandertage: an Tag 1 und 2 sind es jeweils 18 km in ca. 5–6 Std., an Tag 3 sind es 19 km in ca. 5–6 Std.

Ausrüstung: Zelt, Isomatte, Schlafsack, genug Trink- und Brauchwasser sowie Proviant für mindestens 1½ Tage.

Wenn es Nacht wird: Trekkingcamp Ochsenbaumer Höhe (www.soonwaldsteig.de/trekkingcamps) und Lauschhütte, Daxweiler (www.lauschhuette.de).

EIN ESEL-SCHREI AM MORGEN

... auf dem Ponyhof Forstmühle Braubach

Ein Eselschrei am Morgen vertreibt Kummer und Sorgen. Zumindest ist auf dem kleinen Hof ohne Handyempfang der Alltag ganz weit weg. Und während der gemeinsamen Eselwanderung merken die langohrigen Wegbegleiter ganz schnell, wer gerade nicht voll bei der Sache ist.

#Eselwandern #Entschleunigung #ByeByeAlltag #Iaaahhhhhhh

Sturer Esel? Ganz im Gegenteil! Esel sind in Wirklichkeit nur ziemlich schlau.

Dass Esel in Wahrheit gar nicht stur sind, sondern intelligent und sensibel, ist eine der ersten Lektionen, die man auf dem Ponyhof lernt. Im Gegensatz zum Pferd sind sie keine Fluchttiere und verfallen bei Gefahr eher in eine Art Schockstarre, in der sie die Situation genau analysieren. Ein »sturer Esel« ist also in vielen Fällen eher ein ängstlicher Esel. Außerdem weiß der Esel oft ganz genau, wann ihm etwas zu viel wird – eine Eigenschaft, von der wir Menschen uns ruhig eine Scheibe abschneiden könnten.

Beim ersten Besuch auf der Weide ist es der Esel, der sich »seinen Menschen« aussucht und nicht umgekehrt. Denn anders als Lamas,

Erst die (Esel-)Pflege, dann die Wanderung.

die beim gemeinsamen Wandern auch gut auf die menschliche Begleitung verzichten könnten und sich in ihrer Herde selbst genug sind,

suchen Esel den Kontakt zum Menschen. Das merkt man spätestens, wenn man das vorwitzige Eselmaul vom Rucksack mit dem Pausenbrot fernhalten muss. Bevor die Wanderung losgehen kann, steht aber erst einmal gründliche Eselpflege auf dem Programm: Striegeln und Hufe auskratzen.

Mit einem lauten »Iaaahhhhhhh«, das ein wenig an das Tuten einer Dampflock erinnert, verabschiedet sich Esel Filou von seinen Kameraden auf der Weide, bevor die Wandergruppe über die Brücke den Hof verlässt. Schon während der ersten halben Stunde wird klar: Beim Eselwandern muss man mit Kopf und Herz dabei sein. Ist man im Kopf noch beim Meeting von letzter Woche? Der Esel am anderen Ende der Leine merkt es sofort und nutzt die gedankliche Ablenkung flugs für eine Futterpause, von der er sich nur sehr schwer wieder abbringen lässt. Ist man zögerlich oder unmotiviert, ist auch der Esel zögerlich und unmotiviert. Stimmungsübertragung eben!

Haben Esel und Mensch einen gemeinsamen Rhythmus gefunden, geht es zwischen den Fresspausen ganz gut voran. Wobei »ganz gut« relativ ist, denn Eselwandern ist Entschleunigung pur. Bei gemütlichen drei Kilometern die Stunde bleibt genug Zeit, die Natur um einen herum wahrzunehmen. Schließlich geht es hier nicht darum, möglichst schnell am Ziel anzukommen. Dieses ist die Grillhütte oberhalb von Braubach, die einen der schönsten Blicke auf die Marksburg bietet

Wer es geschafft hat, seinen Esel über die saftig-grüne Wiese oberhalb der Marksburg zu geleiten, braucht garantiert kein Führungskräfteseminar mehr.

(Eskapade #1). Wer jetzt unaufmerksam ist, sieht sein Pausenbrot schneller im gierigen Eselmaul verschwinden, als ihm lieb ist. Dann ist das saftige Gras nämlich ganz plötzlich viel weniger spannend als auf dem Hinweg.

Hin & weg: Mit dem Auto nach Braubach. Geparkt werden kann direkt auf dem Hof (Forstmühle, Im Mühltal, Braubach).

Beste Zeit: Ganzjährig.

Dauer & Strecke: Vom Schnupperspaziergang bis zur Mehrtageswanderung ist alles möglich. Die beschriebene Strecke ist knapp 11 km lang. Wie lange man braucht, hängt von den (Fr)Esspausen ab.

Ausrüstung: Bequeme Schuhe und Kleidung, Übernachtungsgepäck.

Wenn es Nacht wird: Forstmühle, Im Mühltal, Braubach (www.forstmuehle-braubach.de).

Auf dem Rückweg sind Mensch und Esel schon ein eingespieltes Team, und am Ende sind doch ein paar Kilometer zusammengekommen. Mit einem erneuten »Iaaahhhhhhh« wurde die Ankunft auf dem Hof angekündigt. Jetzt schnell nochmal Hufe auskratzen, und dann ab zu den Langohr-Kameraden auf die Weide.

Abends wird es ruhig auf dem Hof. Kein Handyklingeln und kein Autolärm stört die Idylle, nur ab und an tönt ein Eselschrei oder Wiehern durch die Abenddämmerung.

FAZIT: ZWEI TAGE ESELWANDERN IN EINEM IDYLLISCHEN TAL OHNE HANDYEMPFANG – MEHR ENTSCHLEUNIGUNG GEHT NICHT.

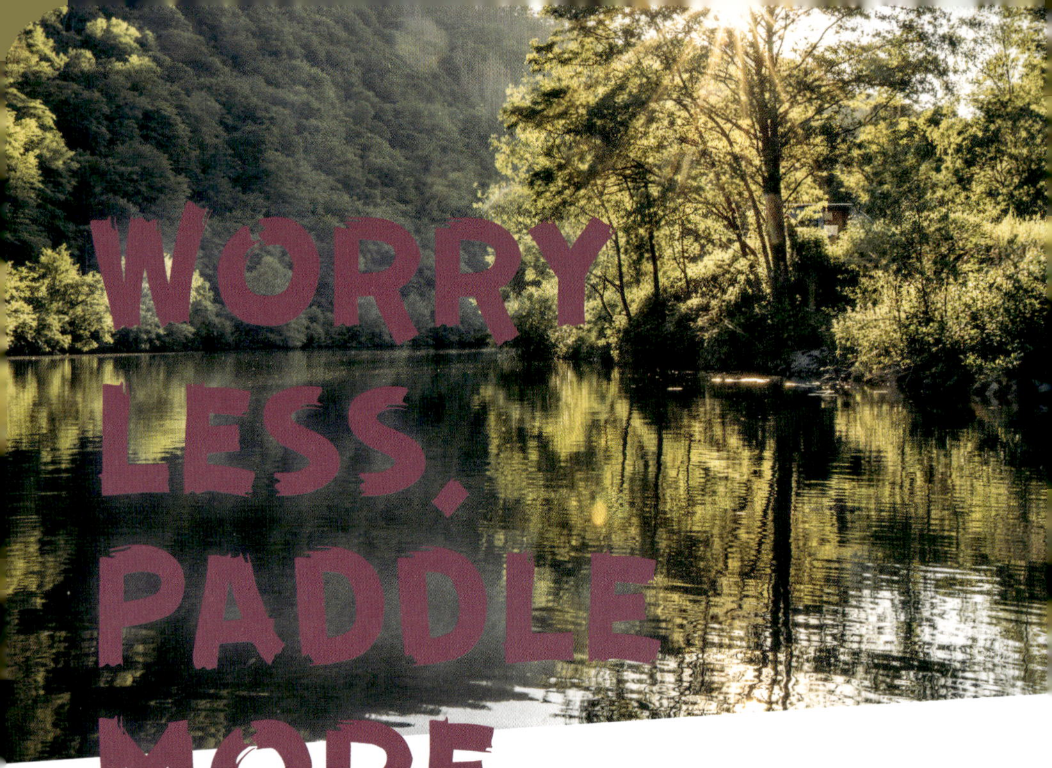

WORRY LESS, PADDLE MORE

... auf der Lahn von Laurenburg nach Nassau

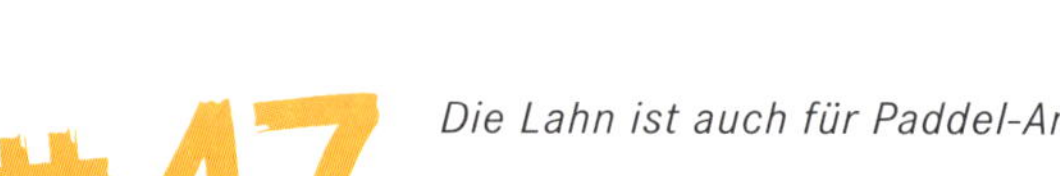

#47

Die Lahn ist auch für Paddel-Anfänger geeignet – ob nun im Kanu oder auf dem Stand-up-Paddle-Board. Eine besonders idyllische Strecke führt auf rund 15 Kilometern vorbei an zwei Schleusen von Laurenburg nach Nassau. Unterwegs wähnt man sich fast ein wenig auf einer Miniversion des Amazonas.

#Wassermarsch #Amazonas #grüneHölle

→ MINIURLAUB …

SUP macht noch mehr Spaß, wenn man auch seinen Hund mitnehmen kann.

Ob mit dem SUP oder dem Kanu – womit man loszieht, ist bei dieser Eskapade jedem selbst überlassen. Hat man ein eigenes SUP zu Hause, prima, denn das ist in der Regel so leicht, dass man es im Zug zurück zum Ausgangspunkt transportieren kann. Alle anderen haben die Qual der Wahl oder schon längst eine Präferenz für den einen oder anderen Wassersport. Bei der Bootsvermietung Wolff in Obernhof kann man sich jedenfalls beides ausleihen und zum Startpunkt nach Laurenburg bringen lassen (www.lahnkanus.de). Für die gesamte Strecke nach Nassau sollte man rund vier bis fünf Stunden einplanen.

Nach dem Einstieg in Laurenburg führt die Paddeltour an einer Wasserskistrecke vorbei. Wenig später folgt mit der Schleuse Kalkofen die erste »Schikane«. Diese kann jedoch ganz einfach rechts über den parallel verlaufenden

Uferweg »umtragen« werden. Mit dem Kanu kann man die Schleusen natürlich auch befahren. Eine genaue Anleitung dazu erhält man beim Kanuverleih vor der Tour.

Mit ihren weiten Auenlandschaften, aufragenden Felsen und dschungelig bewachsenen Uferzonen erinnert die Lahn tatsächlich ein wenig an die grüne Hölle des Amazonas.

Das hübsche Weindorf Obernhof ist einer der schönsten Orte im Lahntal.

Moment, sind das da etwa Weinberge am Ufer? Dann ist es nicht mehr weit bis Obernhof, dem letzten Weinort an der Lahn. Hier wird bereits seit 750 Jahren Wein angebaut, allerdings sollte man eine Weinprobe getreu dem Motto »Don't drink and paddle« lieber auf nach der Paddeltour verschieben. Aber vielleicht beendet man Tag 1 gleich hier und verschiebt den Rest der Tour auf morgen? Selbst wer weiterpaddelt: Eine kleine Paddelpause lohnt sich dennoch.

Kurz hinter dem Ort mündet der wilde Gelbach in die Lahn. Gemeinsam geht es weiter flussabwärts. Rechts ragt schon bald steil die Hohe Lay auf. Überhaupt sehen die Felsen und Hügel vom Wasser aus noch einmal eindrucksvoller aus als an Land (Eskapade #44). Und mit ganz viel Glück kann man sogar einen Eisvogel beobachten, der in die Steilfelsen sein Nest baut.

Hin & weg: Mit der Regionalbahn zum Bahnhof Laurenburg (Lahn). Heim ab Bahnhof Nassau (Lahn).

Beste Zeit: Mai–September.

Dauer & Strecke: Wahlweise 14 km (bis Nassau), 18 km (bis Dausenau), 23 km (bis Bad Ems) oder 37 km (bis Lahnstein) – am besten ein ganzes Wochenende einplanen, selbst wenn man nicht mehrere Tage paddelt. Reine Paddelzeit: 4–5 Std. für die Strecke bis Nassau.

Ausrüstung: Drybag für Handy und Kamera, genug zu trinken, Sonnenschutz, erste Paddelerfahrungen.

Wenn es Nacht wird: Campingplatz Obernhof (www.campingplatz-obernhof.de) oder Hotel am Goetheberg, Hauptstraße 18, Obernhof www.hotel-am-goetheberg.de).

Bei Flusskilometer 113 wartet mit der Schleuse Hollerich das zweite Schleusenabenteuer. Jetzt sind es nur noch drei Kilometer bis zum Ziel, dem Fachwerkstädtchen Nassau.

Wer sich für ein ganzes Paddelwochenende entschieden und in Oberndorf übernachtet hat, kann noch vier Kilometer weiter bis nach Dausenau paddeln – oder sogar bis nach Bad Ems oder zur Rheinmündung in Lahnstein.

FAZIT: PADDELGLÜCK PUR, OB ANFÄNGER ODER FORTGESCHRITTENE, MIT KINDERN ODER OHNE, MIT DEM SUP ODER DEM KANU – AUF DER LAHN KOMMT JEDER AUF SEINE KOSTEN.

Lieblingsplatz

WEINSELIG IM SCHLAF-WAGEN

#48

Man munkelt, dass sich nach einer Nacht mitten in den Weinbergen in einem urgemütlichen Weinschlafwagen das Wohlbefinden auch ganz ohne Weingenuss einstellt. Aber es wäre doch viel zu schade, die edlen Tropfen des dazugehörigen Weinguts im kleinen Kühlschrank nicht wenigstens probiert zu haben!

#Naheland #AuszeitimGrünen #Frühstückkommtvonselbst

Die Landschaft rund um Langenlonsheim ist vom Weinbau geprägt.

»Raus aus dem Trubel, rein ins Grüne«, lautet das Motto. Und das ist auf dem Weingut Im Zwölberich in Langenlonsheim allgegenwärtig. Die Weinreben rund um den Hof sind saftig grün belaubt, die ersten kleinen Trauben bilden sich an den Stängeln, und vor den drei kleinen Schäferwagen wiegt sich der Lavendel im Wind und verströmt – nicht nur für die summenden Bienen – einen betörenden Geruch. Im Inneren wartet pure Gemütlichkeit: Ein Doppelbett, ein kleiner Tisch mit Stühlen, ein voll ausgestattetes Bad mit Dusche, eine Küchenzeile mit Kühlschrank, Kaffeemaschine und Herd sowie ein kleiner Kaminofen und ein prall-gefülltes Weinregal mit hauseigenen Demeter-Weinen finden in dem kleinen Raum Platz. Am liebsten würde man sich gleich eine Flasche von diesem Bio-Wein aufmachen und ein Gläschen mit auf die Terrasse nehmen. Doch das muss noch ein wenig warten. Die Umgebung ist doch viel zu schön, um nicht einen ausgedehnten Weinbergspaziergang zu unternehmen! Denn nur wenige Hundert Meter entfernt führt der Weinwanderweg entlang. Aber schön ist es in den Weinbergen eigentlich überall. Fruchtbare Böden und das milde Klima am Rande des Rheinbeckens bieten ideale Voraussetzungen für den Weinbau, der maßgeblich die Landschaft prägt. Dennoch: Langenlonsheim bietet auch landschaftliche Abwechslung – neben den Weinbergen erkunden die Wanderwege auch Auen, Wald und Felder - und immer mal wieder gibts den ein oder anderen schönen Ausblick.

Zum Abendessen gibt's vielleicht mal nur Nudeln mit Tomatensoße, weil's einfach zu schön hier ist, um essen zu gehen. Besser haben sie noch nie geschmeckt. Vielleicht liegt's auch am eiskalten Rosé dazu. Weinselig fällt man am Abend ins kuschelweiche Bett, um am nächsten Morgen vom Krähen des Nachbarshahns geweckt zu werden ... und sich noch einmal

---

Hin & weg: Entweder mit dem Auto oder mit der Regionalbahn zum Bahnhof Langenlohnsheim und dann zu Fuß (900 m).

Beste Zeit: Dank Heizung ganzjährig.

Dauer: 1–2 Nächte.

Ausrüstung: Essen und Übernachtungsgepäck für 2–3 Tage.

Wenn es Nacht wird: Weinschlafwagen des Weinguts Im Zwölberich, Schützenstraße 14, Langenlohnsheim (www.weinschlafwagen.de).

umzudrehen, bis die Besitzerin Anna mit dem prall gefüllten Frühstückskorb auftaucht. Da macht es auch nichts, wenn es draußen noch zu kalt ist zum Open-Air-Frühstück.

Die Vielfalt an Ausflugszielen für den Tag ist groß – ein Stadtbummel durch die historische Altstadt von Bad Kreuznach, eine Wanderung zum Rotenfels, eine Radtour an der Nahe? Oder man bleibt einfach da, nimmt sich ein Buch und genießt eine wohlverdiente Auszeit, die man sich viel zu selten gönnt.

FAZIT: EINE AUSZEIT IM GRÜNEN IN EINEM URGEMÜTLICHEN WEINSCHLAFWAGEN – SO EINFACH, SO GUT UND GARANTIERT SCHÖNER ALS JEDES LUXUSHOTEL.

IMMER DER ROTEN TRAUBE NACH

… auf dem Rotweinwanderweg durch das Ahrtal

Die Ahr hat unweit von Bonn eine Landschaft mit mediterranem Klima geschaffen, die sich ein bisschen anfühlt, als würde man in eine andere Welt eintauchen. Eine Welt aus sanften Hügeln, schroffen Felswänden, naturbelassenen Wäldern und Weinbergen. Zeit für eine Wandertour!

 #Weinguthopping #TalderrotenTraube #Rotweinparadies #solidAHRität

Das Weinbaugebiet Ahr gilt als das Rotweinparadies Deutschlands.

Das Ahrtal wird auch das »Tal der roten Traube« genannt, denn das milde Klima bietet ideale Bedingungen für den für die Region sonst untypischen Rotweinanbau. Von Weinort zu Weinort führt der Rotweinwanderweg in zwei gemütlichen Tagesetappen meist auf halber Höhe durch die Weinbergterrassen von Bad Bodendorf bis Altenahr. Am schönsten ist die Wanderung, wenn dicke Trauben an den Reben hängen und das Laub so langsam beginnt sich zu verfärben. Wer besonders viel Glück hat, kann den Winzern dann sogar bei der Traubenernte über die Schulter schauen. Ein schmaler Pfad führt den Wanderer aus dem hübschen Ortskern von Altenahr hinauf zur Burg Are. Damit ist bereits der steilste Anstieg der gesamten Tour geschafft. Immer der roten Traube nach geht's mal durch Wald, mal durch Weinberge nach Mayschoß. Bloß nicht hetzen, denn auf diesem Teil des Weges sind die Aussichten am allerschönsten.

Wenn man gerade glaubt, schöner kann es nicht mehr werden, wartet hinter dem Weingut Michaelishof der spannendste Abschnitt: Größtenteils auf schmalen, steilen Pfaden führt er weiter nach Rech, dem nächsten Winzerort im Ahrtal. Mal bahnt sich der Pfad direkt zwischen den Rebstöcken durch die Weinberge, mal geht es über (oder sogar durch) abenteuerliche Felsen.

Die vier Kilometer von Rech nach Dernau führt der Weg dann überwiegend auf brei-

Eingebettet in die Weinberge, am Fuße der Burgruine Saffenburg, liegt der Ort Mayschoß.

ten Wegen durch die Weinberge. Kommt zwischendurch Hunger auf? Der Abstieg nach Dernau ist kaum ein Umweg und das Hofgarten-Restaurant macht die leckersten Flammkuchen weit und breit (www.hofgarten-dernau.de).

Weiter geht's rund vier Kilometer durch die Weinberge nach Marienthal. Noch bevor der Ortskern in Sicht kommt, lockt das Kloster Marienthal zur (nächsten) Weinschorle (www.weingut-kloster-marienthal.de). Die kleine Pause lohnt sich, denn nach der Klosterruine will der sogenannte Trotzenberg erklommen werden. Noch ein kurzer Abstecher zum Aussichtsturm Bunte Kuh mit einem tollen Blick über Walporzheim und Ahrweiler am Horizont, dem heutigen Etappenziel.

Am nächsten Tag führt der Rotweinwanderweg zunächst oberhalb von Ahrweiler und später von Bad Neuenahr durch die Weinberge. Dieser Teil der Tour ist leider von vielen Industriegebäuden am Horizont und zwei Autobahnüberquerungen geprägt. Dennoch führt der Weg die ganze Zeit über durch Wald oder Weinlandschaften, was das Beste aus dem Streckenabschnitt herausholt. Höhepunkte am Wegesrand sind der Apollinaris-Brunnen,

Zwischen Mayschoß und Rech befindet sich der schönste Abschnitt des Rotweinwanderwegs, mal als schmaler Weinbergpfad, mal als felsiger Kletterweg am Abgrund.

aus dem das bekannte Mineralwasser stammt, und die Burgruine Landskrone auf ihrem eindrucksvollen Basaltkegel. In Heppingen bietet sich der Landgasthof Poststuben für eine Pause an (www.steinheuers.de). So laufen die letzten Kilometer bis zum Bahnhof Bad Bodendorf fast von selbst. Wer trotzdem nicht mehr laufen mag, nimmt einfach den parallel durch das Tal verlaufenden Zug.

Hinweis: Das Ahrtal wurde 2021 von einem schweren Hochwasser getroffen. Große Teile der Orte entlang der Ahr wurden überschwemmt. Der Rotweinwanderweg wurde glücklicherweise verschont und die vorgestellten Lokale entlang des Weges freuen sich über jeden Besucher. Zwischen Walporzheim und Altenahr gibt es Schienenersatzverkehr.

Hin & weg: Los geht's am Bahnhof Altenahr, zurück vom Bahnhof Bad Bodendorf.

Beste Zeit: Frühling, Herbst oder Winter. Am schönsten im Herbst, im Sommer oft zu heiß.

Dauer & Strecke: 36 km, 2 Wandertage.

Ausrüstung: Wanderschuhe, (leichtes) Gepäck für eine Nacht.

Wenn es Nacht wird: Weingut Sonnenhof, Heerstraße 98, Bad Neuenahr-Ahrweiler (www.weingut-sonnenberg.de).

FAZIT: DURCH DIE WEIN-BERGE VON WEINGUT ZU WEINGUT WANDERN – MEHR URLAUBSFEELING GEHT NICHT!

VON VORNE BIS HINTEN

... auf dem Rheinradweg von Bingen nach Bonn 

Mal rechtsrheinisch, mal linksrheinisch und praktisch ohne Höhenmeter: Ob man die knapp 140 Kilometer nun in einer, zwei, drei oder vier Etappen zurücklegt, ist egal. Und auf dem Campingplatz Green Camping am Rhein in Braubach steht man mit seinem Zelt oder Camper direkt am Fluss.

#CampingamRhein #TourdeMittelrhein #Radklassiker

Bike & Camp könnte nicht schöner sein als mit einem Stellplatz direkt am Fluss.

Tagsüber immer am Wasser entlangradeln, Campen direkt am Fluss, ein Gläschen Rheinriesling zum Sonnenuntergang genießen und morgens die frischen Brötchen direkt an den Platz serviert bekommen – ein Wochenende am Mittelrhein könnte nicht schöner sein. Bei durchschnittlicher Fitness sollte man für die Radtour drei Tage einplanen, schließlich lohnen am Wegesrand so viele Örtchen, Burgen und Weingüter einen Stopp. Damit es am Anreisetag nicht so hektisch wird, am besten schon am Vorabend im »Basislager« einchecken: Der Campingplatz in Braubach ist sowohl Startpunkt als auch Zwischenhalt. Wer unter der Woche kommt oder rechtzeitig bucht, hat die Chance auf einen der begehrten Stellplätze direkt am Wasser. Der kleine Campingplatz mit rund fünfzig Plätzen bietet nicht nur den schönsten Blick auf den Fluss, sondern achtet bei der Bewirtschaftung auch auf Nachhaltigkeit. Green Camping eben!

Legendär ist der Brötchenservice direkt an den Platz – sodass man den ersten Tag der

Radtour gestärkt starten kann. Zunächst geht es mit dem Zug von Braubach nach Rüdesheim und mit der Rheinfähre einmal über den Fluss nach Bingen. Und dann heißt es endlich in die Pedale treten! Trechtingshausen, Bacharach, Oberwesel, Sankt Goar mit der Loreley auf der anderen Seite - bereits am ersten Tag gibt es so viel zu sehen. In Boppard geht es dann erneut auf die Fähre, nach Filsen, denn für die letzten Kilometer des Tages wechselt man noch einmal die Rheinseite.

Am zweiten Tag startet die Tour direkt am Campingplatz - sie führt vorbei an Koblenz auf der anderen Rheinseite nach Neuwied. Diese Etappe ist von weniger touristischen Highlights geprägt, dafür führt der Radweg oftmals fernab der Straße. Zurück nach Braubach geht es dann wieder mit dem Zug. Da die Etappe mit gut 30 Kilometern sehr kurz ist, bleibt genug Zeit, die Füße hochzulegen und den Stellplatz am Rhein auszukosten. La Dolce Vita à la Mittelrhein!

Hin & weg: Mit Auto oder Camper zum Campingplatz in Braubach. Tag 1: von Bahnhof Braubach mit der Regionalbahn nach Rüdesheim und von dort mit der Fähre nach Bingen. Tag 2: von Bahnhof Neuwied mit der Regionalbahn zurück nach Braubach. Tag 3: Auto/Camper am Bahnhof Neuwied parken; dorthin zurück mit dem Regionalexpress von Bonn-Beuel.

Beste Zeit: Mai–September. An heißen Tagen kühlen Rhein und Fahrtwind.

Dauer & Strecke: 137 km; bei normaler Fitness 3 Tage (Tag 1: 57 km, Tag 2: 30 km, Tag 3: 50 km).

Ausrüstung: Camper oder Zelt, Fahrrad.

Wenn es Nacht wird: Green Camping am Rhein, Braubach (www.campingamrhein.de).

Campen direkt am Wasser mit Grillplatz und Hängematte im Green Camping am Rhein.

Von Neuwied nach Bonn sind es dann noch einmal 50 Kilometer. Am bequemsten ist es, den Camper oder das Auto mit dem Zelt nach dem Auschecken am Bahnhof Neuwied zu parken und von dort aus loszuradeln. Mit Leutesdorf, Linz und Bad Hönningen gibt es unterwegs noch ein paar wunderschöne Weinorte, bis man vorbei am Siebengebirge nach Bonn-Beuel rollt, wo nicht nur der Mittelrhein, sondern auch diese Eskapade endet. Wer sein Auto in Neuwied geparkt hat, gelangt bequem per Direktverbindung im Zug zurück.

FAZIT: DEN MITTELRHEIN VON VORNE BIS HINTEN ERRADELN UND ABENDS DIREKT AM FLUSS CAMPEN – SCHÖNER GEHT'S NICHT!

EIN VOLLBAD IM WALD

… … im Kottenforst im Südwesten von Bonn

#51

Beim Waldbaden geht es darum, Stress abzubauen, den Gedanken freien Lauf zu lassen und mit allen Sinnen in den Wald einzutauchen. Und wo ginge das besser als in einem Baumhaus im Kottenforst, einem der größten geschlossenen Waldgebiete der Region Bonn?

#Waldbaden #NachtimBaumhaus #Stressabbauen #HalloEichhörnchen

###BU
###BU

Shinrin Yoku – so heißt die aus Japan stammende Naturheilmethode, die immer mehr in Europa praktiziert wird. Und wenn wir mal ehrlich sind, wussten wir doch auch hierzulande schon lange, wie heilsam so ein Waldspaziergang im hektischen Alltag sein kann! Wissenschaftler haben sogar bewiesen, dass der Anblick von Bäumen den Blutdruck senken kann und Patienten schneller genesen, wenn der Blick aus dem Krankenzimmer auf oder in den Wald fällt. Mindestens vier Stunden soll so ein Waldbad dauern, besser noch ein paar Tage. Noch besser: gleich mitten im Wald in einem Baumhaus übernachten. Das baut nicht nur Stress ab, sondern lässt außerdem Kindheitsträume wahr werden.

Fürs Waldbaden muss man oft weniger weit fahren, als man denkt. Zum Beispiel in den Kottenforst, ein etwa 40 Quadratkilometer großes Waldgebiet im Südwesten der Stadt Bonn. Hier, mitten im Grünen und trotzdem der Stadt so nah, kann man im V-Hotel in einem von drei Baumhäusern übernachten. »Rotkäppchen«, »Waldgeist« und »Rostlaube« heißen sie. Insider lassen sich vom Namen nicht beirren und buchen die Rostlaube, denn die ist viel schicker, als ihr Name vermuten lässt, und bietet außerdem den schönsten Blick in den Wald.

Frühaufstehen lohnt sich, auch wenn das Baumhausbett noch so kuschelig ist – die Morgenstimmung im Wald ist einfach magisch.

Apropos Wald: Der Kottenforst ist einer der größten geschlossenen Wälder in der Region. Naturnahe Altholzbestände mit Stieleichen, Winterlinden, Rot- und Hainbuchen sind Heimat von Fledermäusen, Spechten und anderen Waldvögeln und weitere gefährdete Tier- und Pflanzenarten leisten ihnen gerne Gesellschaft. Einige der Tierchen lassen sich bei ganz viel Glück direkt vom riesigen Panoramafenster des Baumhauses beobachten; bessere Chancen gibt es aber bei einem ausgedehnten Waldspaziergang, den man direkt am Baumhaus starten kann. Die Route? Gibt es nicht! Denn beim Waldbaden geht es nicht darum, viele Kilometer zu schrubben, sondern den Wald mit allen Sinnen zu spüren und bewusst ganz langsam und im eigenen Tempo zu gehen, wohin es einen treibt. Für Menschen, die auch in der Natur sonst immer einen Plan haben und festen Rundwegen folgen, eine ganz besondere Erfahrung.

Und irgendwie gelangt man doch immer wieder ganz einfach zurück zum Ausgangspunkt – so einsam ist es vor den Toren von Bonn dann doch nicht. Wer jetzt noch nicht total entspannt ist, wird es spätestens bei der heißen Tasse Tee im Baumhaus – das übrigens komplett aus Zirbenholz gebaut ist. Dieses sorgt nicht nur für einen besseren Schlaf, sondern kann auch den Blutdruck senken. Auf ein modernes Bad und eine heiße Dusche muss man natürlich trotzdem nicht verzichten. Und wer sich nach einer erholsamen Nacht noch nicht vom Baumhaus trennen kann, nimmt sich nach dem Morgenspaziergang das Frühstück vom Buffet einfach mit hoch in die Wipfel.

FAZIT: WALDBADEN VOR DEN TOREN VON BONN IN EINEM URIGEN BAUMHAUS – HILFT GEGEN STRESS UND SO ZIEMLICH JEDES WEHWEHCHEN.

Hin & weg: Mit dem Auto oder aber mit Bus 630 ab Bonn, Hauptbahnhof bis zur Haltestelle Bonn Jugendherberge (das V-Hotel ist direkt nebenan).

Beste Zeit: Ganzjährig.

Dauer: Mindestens eine Nacht.

Ausrüstung: Gemütliche Kleidung zum Einkuscheln, den Lieblingstee und Übernachtungsgepäck.

Wenn es Nacht wird: V-Hotel, Haager Weg 44, Bonn (www.v-hotel.de).

THE
Adventure
BEGINS
FTG

WINTER, WO BIST DU?

… auf dem Klosterweg

#52

Das Mittelrheintal ist ja nicht gerade für seine Schneesicherheit bekannt. Doch manchmal reicht ein Abstecher auf die Westerwaldhügel, um das Winterwunderland zu finden – wie hier auf der Wäller-Tour Klosterweg, die von Rengsdorf nach Waldbreitbach durch den Naturpark Rhein-Westerwald führt.

#Wintergesucht&gefunden #Kurtscheid #RheinsteigmeetsWesterwaldsteig

Die Rehberghütte liegt mitten im Wald und bietet sich für eine Teepause an.

Erst Regen, dann Schneeregen und dann immer dickere Schneeflocken? Proportional dazu steigt dann die Menge an Schnee am Straßenrand an, bis für Mittelgebirgsverhältnisse stattliche zehn Zentimeter erreicht sind. Es ist doch wirklich beeindruckend, was so ein paar Hundert Höhenmeter ausmachen können! Die Gemeinde Kurtscheid ist mit 400 Metern die höchstgelegene im Kreis Neuwied und auch der höchste Punkt des Klosterweges, der Rheinsteig und Westerwaldsteig miteinander verbindet.

So mild es unten im Neuwieder Becken noch war – hier auf der Westerwaldhochebene fegt im Winter immer ein eisiger Wind. Schal, Mütze, dicke Handschuhe und eine große Thermoskanne voll heißem Tee gehören bei einer solchen Eskapade immer ins Gepäck. Dann kann das Winterabenteuer starten. Wem die Gesamtstrecke mit 18 Kilometern zu lang ist, der kann auch erst in Ehlscheid starten. Noch besser: Gleich ein ganzes Winterwochenende daraus machen und in der Mitte – in Kurtscheid – übernachten. So bleibt nach dem Wandern noch genug Zeit für ausgiebige Schneeballschlachten und Co.

Hin & weg: Vom Bahnhof Neuwied mit Bus 120 oder 160 zur Haltestelle Rathaus/Westerwaldstraße. Zurück geht's mit Bus 186 von der Haltestelle Waldbreitbach Mitte.

Beste Zeit: Dezember–März.

Dauer & Strecke: 7 Std. für 18 km zu Fuß, am besten gleich ein ganzes Winterwochenende.

Ausrüstung: Handschuhe, Schal, Mütze und eine Thermoskanne Tee.

Wenn es Nacht wird: Ferienwohnung am Klosterweg, Hochstraße 4, Kurtscheid (www.fewo-westerwald-klosterweg.de)

Die schönste Aussicht über das Mittelrheintal, Eifel, Hunsrück und Siebengebirge weit und breit gibt es von der Aussichtplattform auf dem Kurtscheider Wasserturm.

Der Weg startet in Rengsdorf von der St.-Kastor-Kapelle erst mal entlang des Römergrabens in Richtung Ortsausgang. Im Frühjahr verwandelt sich die Kirschbaumallee hier in ein duftendes rosa Blütenmeer - davon sind wir allerdings noch meilenweit entfernt. Nicht mehr weit entfernt ist dagegen das idyllische Laubachstal, durch das der Weg nach Ehlscheid führt. Erst hinauf auf die Gommerscheider Höhe und dann hinab ins Dombachtal, da kommt der höchste Punkt der Tour, Kurtscheid, schon näher. An der Rehberghütte ist es Zeit für eine Teepause im Wald, bevor es rauf auf die zugige Aussichtsplattform auf dem ehemaligen Kurtscheider Wasserturm geht. Zugegeben: Lange kann man bei Kälte den Blick über den Mittelrhein, zum Siebengebirge sowie zum Hunsrück und in die Eifel nicht genießen - dann muss man sich aufwärmen: Entweder in der Unterkunft oder auf dem weiteren Weg ins Fockenbachtal, während man dabei zusieht, wie mit jedem Höhenmeter ins Tal auch die Schneemenge abnimmt. Wenn zarte Sonnenstrahlen hier und da hinter den Wolken hervorblitzen, tun sie ihr Übriges.

Schnell sind die hügeligen Wiesenflächen fast vollständig vom Schnee befreit, und es zeigen sich durchaus Parallelen zum Allgäu. Vom Kloster St. Marienhaus gelangt man über den Krippenweg ans Ziel in Waldbreitbach.

FAZIT: WO DEN WINTER AM MITTELRHEIN FINDEN, WENN NICHT HIER, AM HÖCHSTEN PUNKT DES KREISES NEUWIED?

SONST NOCH WICHTIG

Ein- und Überblick

Karten für den schnellen Überblick, praktische Tipps, mehr über die Autorin sowie ein Ortsregister zum schnellen Nachschlagen gibt es auf den folgenden Seiten.

GPX-Download aufs Smartphone – so geht's

Voraussetzung:

Eine Outdoor-App muss installiert sein, z. B. KOMPASS, Outdooractive oder Komoot. Zum Einlesen des QR-Codes benötigen ältere Android-Geräte eine QR-Code-App. Bei neueren Android- und iOS-Geräten ist diese Funktion in der Kamera integriert.

Daten downloaden:

1. Den QR-Code einlesen oder die Webadresse im Browser eingeben, um auf die Eskapaden-Website zu gelangen.
2. Die gewünschte Tour zum Download anklicken.
3. Bei IOS-Geräten werden die GPX-Daten direkt mit der vorab installierten App verknüpft. Bei Android-Geräten muss ggf. noch ein Weiterleiten-Button geklickt werden (z. B. oben rechts im Display). Manche Apps zeigen den Tourverlauf starr an, andere haben eine Navigationsfunktion dabei.

Tourenverlauf

GPX-Daten zum kostenlosen Download www.dumontreise.de/eskapaden/mittelrhein

short.travel/lxbs1

Auf den folgenden Seiten: Die Eskapaden in der Region Mittelrhein in drei Übersichtskarten. Die Ziffern stehen für die Eskapaden-Nummern.

Lülsdorf
Nieder-kassel
Krieg-dorf
Trois-dorf
Lohmar
Siegburg
Kaldauen
Wahnbach-talsperre
Bergheim
Sankt Augustin
Hennef Sieg
Dondorfer See
Sieg
Eitorf
Rhein
Born-heim
Bonn
Uckerath
Hardtbach
Impekoven
Ober-pleis
Oberdollen-dorf
Ippen-dorf
Bad Godesberg
Königs-winter
Ittenbach
Asbach
Kotten-forst
Aegidien-berg
Nieder-bachem
Windhagen
Meckenheim
Bad Honnef
Wiedbachtal
Roß-bach
Remagen
Linz
Wied
Waldbreit-bach
Ahr
Sinzig
Ahrtal
Bad Neuenahr-Ahrweiler
Bad Hönningen
Altenahr
Altenburg
Bad Breisig
Ramersbach
Rheinbrohl
Feld-kirchen
Niederzissen
Wasse-nach
Andernach
Kempenich
Loacher See
Nette
3 km
17
16
5
51
29
37
20
10
30
23
31
9
49
8
11
19
32
21
8
3
507
478
56
59
560
555
565
42
562
9
61
257
266
267
412

Rengsdorf
Anhausen
Wiedtal
Wied
Ransbach-Baumbach
Gladbach
Irlich
Neuwied
Rhein
Bendorf
Höhr-Grenzhausen
Andernach
Nette
Weißenthurm
Vallendar
Plaid
Mülheim-Kärlich
Arzbach
Güls
Koblenz
Ehrenbreitstein
Ochtendung
Bad Ems
Mosel
Lay
Lahn
Lahnstein
Kobern-Gondorf
Winningen
Lehmen
Waldesch
Rhens
Braubach
Mühltal
Dachsenhausen
Münstermaifeld
Alken
Löf
Boppard
Oppenhausen
Elztal
3 km
Gondershausen
Emmelshausen
Sankt Goar

NOCH MEHR ESKAPADEN …

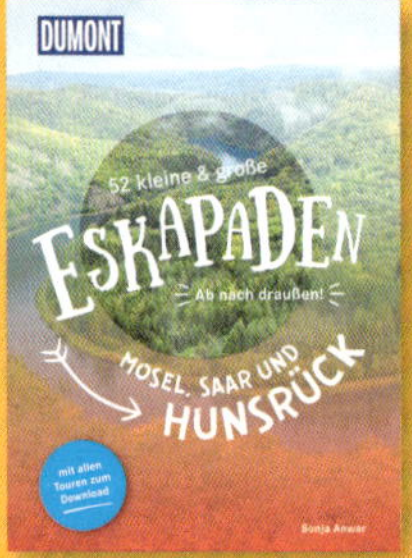

ISBN 978-3-616-11003-5

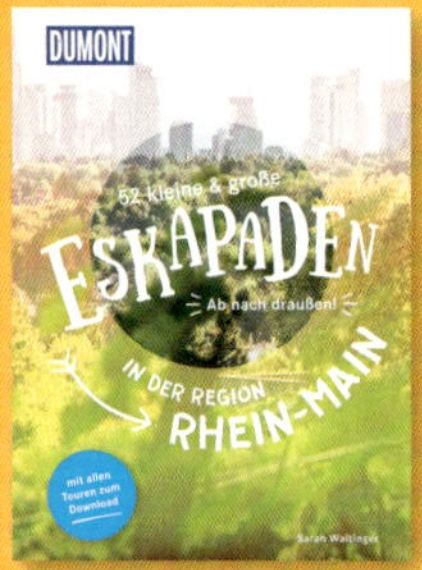

ISBN 978-3-7701-8091-2

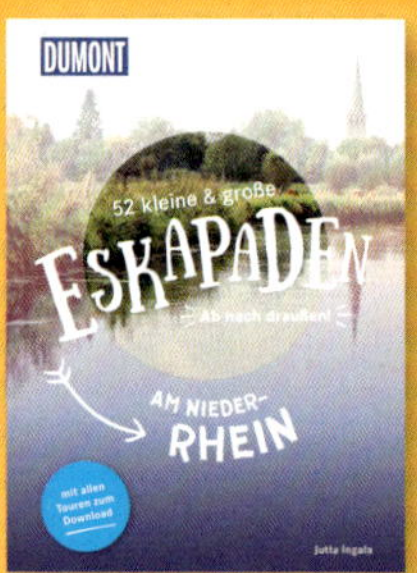

ISBN 978-3-7701-8082-0

… erhalten Sie im gut sortierten Buchhandel und unter www.dumontreise.de

IMPRESSUM

Reihenkonzept Monique Sorban

Projektmanagement Susanne Heimburger, Svenja Heinle & Tamara Siedler

Cover-/Buchgestaltung & Illustrationen Carolin Weidemann, Köln, www.weidemann-design.com

Umschlaggestaltung, Lektorat & Produktion Verlagsbüro Wais & Partner (Melanie Kattanek, Beate König, Julia Rietsch, Kai Wieland), Stuttgart, www.wais-und-partner.de

Text & Fotos Jana Zieseniß, Rengsdorf, www.sonne-wolken.de

Kartografie © KOMPASS, Innsbruck, unter Verwendung von Kartendaten von © OpenStreetMap-Mitwirkende, Lizenz CC-BY-SA 2.0

Hinweis Alle Informationen wurden mit größtmöglicher Sorgfalt geprüft. Infolge der Corona-Pandemie kann es allerdings zu kurzfristigen Geschäftsschließungen und anderen Änderungen vor Ort gekommen sein.

Printed in Poland

1. Auflage 2022

ISBN 978-3-616-11028-8

www.dumontreise.de

Geschmackssachen

Gute Weine (meist Riesling) gibt's am Mittelrhein wie Sand am Meer. Mit ihren hohen Anteilen an Schiefer und Ton sorgen die Böden für besondere Aromen in den Weinen. Wie wäre es aber zur Abwechslung mal mit einem Brombeerwein (#11)? Vortrefflich schmausen lässt es sich z.B. in der Schmausemühle (#42).

Weiterlesen

Lokalkolorit, Mittelrheinliebe & Weinwissen verpackt in eine Krimigeschichte bietet der Wein-Krimi »Wenn Riesling den Tod bringt« von Jens Burmeister. Über aktuelle News und Veranstaltungen am Mittelrhein informiert die Rhein-Zeitung mit ihren 18 Regionalausgaben (www.rhein-zeitung.de).

Ohne Auto

Wer direkt am Fluss unterwegs ist, braucht am Mittelrhein sowie an Lahn und Mosel kein Auto. Auch Streckenwanderungen auf Rheinsteig und Co sind so meist problemlos möglich. Je tiefer man in Eifel, Hunsrück, Westerwald und Taunus vordringt, desto spärlicher der öffentliche Nahverkehr. Am besten also schon vorher über Verbindung und Fahrzeiten, etwa über www.bahn.de, informieren. Trotzdem sind alle Touren in diesem Buch zumindest mit Zuweg auch ohne eigenes Auto möglich.

Sicherheit & Notfälle

Die zentrale europäische Notrufnummer ist die 112 – gebührenfrei aus allen Netzen, auch mobil, zu erreichen. Feuerwehr und Rettungsdienste werden so alarmiert.

Vor Ort im Netz

Fotografische Inspiration bietet www.fototour-deutschland.de, die schönsten Burgen am Mittelrhein stellt der Blog der www.der-rheinreisende.de vor und lokale News gibt's auf www.mittelrheingold.de

ESKAPADEN-REGISTER ...

Alle Orte mit Seitenverweisen

JANA ZIESENIß

... über die Autorin

Jana Zieseniß ist selbstständige Autorin, Social Media Expertin und als Bloggerin das Gesicht hinter dem Reiseblog Sonne & Wolken (www.sonne-wolken.de). Unter dem Motto »Die Welt gehört dem, der sie genießt« ist sie immer auf der Suche nach neuen Abenteuern – vor der Haustür, auf Reisen.

Vor einigen Jahren hat es die gebürtige Harzerin der Liebe wegen ins mittelrheinische »Exil« verschlagen und seit dem verliebt sie sich mit jedem Kilometer mehr in ihre neue Heimat zwischen Eifel und Westerwald. Sie liebt die landschaftliche Vielfalt aus Weinbergen, Wäldern und Wasser, ist gerne bei jedem Wetter draußen, steht mit ihrem Bulli möglichst direkt am Wasser und erkundet ihre Umgebung am liebsten zu Fuß mit ihrer portugiesischen Mischlingshündin Melli.

Für Klettermaxe

Eskapade #36: An der größten Rheinschleife bei Boppard sorgt der Mittelrheinklettersteig für einen Adrenalinkick. Kinder & Ungeübte können das Equipment vor Ort leihen.

Für Italienfans

Eskapade #38: Bella Italia? Nein Bella Mosella! Mehr Italienflair als bei einer Vespa-Tour durch die hügelige Weinberglandschaft des Rhein-Mosel-Dreiecks gibt's nicht!

5 BESONDERE EMPFEHLUNGEN ...

Eskapade #37: Auch wenn der größte der sieben »großen« Gipfel im Siebengebirge gerade einmal 460 Meter hoch ist, schlägt die Königstour auf alle Sieben mit 21 Kilometern und mittelgebirgsstattlichen 1000 Höhenmetern zu Buche.

Eskapade #46: Eine Eselwanderung ist die effektivste Art der Entschleunigung. Denn das intelligente Langohr merkt sofort, wenn jemand nicht ganz bei der Sache ist. Und tief im Tal gibt's sowieso keinen Handyempfang.

Eskapade #47: Paddelglück pur auch für Anfänger bietet die Lahn. Ob mit dem SUP oder Kanu, ob Anfänger oder Profi, ob mit Kindern oder ohne - hier kommen alle Wasserratten auf ihre Kosten.